夏季奥运会小百科

国家体育总局青少年体育司
国家体育总局体育科学研究所 主编

人民邮电出版社

北 京

图书在版编目（CIP）数据

夏季奥运会小百科 / 国家体育总局青少年体育司，
国家体育总局体育科学研究所主编. -- 北京 ：人民邮电
出版社，2021.7
ISBN 978-7-115-56883-0

Ⅰ. ①夏… Ⅱ. ①国… ②国… Ⅲ. ①夏季奥运会—
基本知识 Ⅳ. ①G811.211

中国版本图书馆CIP数据核字(2021)第129938号

免责声明

内 容 提 要

本书由国家体育总局青少年体育司联合国家体育总局体育科学研究所主编，通过比赛场景呈现和多角度图文讲解的形式，对足球、篮球、羽毛球、游泳、田径、竞技体操、跆拳道、皮划艇、滑板等47个夏季奥运会的体育运动项目进行了全方位的介绍，包括这些项目的起源与发展、场地与装备、竞赛规则和观赏点等，能帮助读者更全面地了解和更安全地参与每项运动，同时具备一定的欣赏比赛的能力。书中还包含对具有代表性的中国运动员的介绍，这些内容展现了中国在不同体育运动项目上的发展和成绩，反映了运动员们追求卓越、奋勇争先的优秀品质；围绕体育运动项目知识精心设计的计数类、运算类和观察、判断类游戏，它们有助于读者回顾阅读要点、提升学习效果。作为一本兼具科学性和趣味性的体育运动知识绘本，本书旨在传播体育知识，启蒙运动兴趣，让更多儿童青少年爱上运动、参与运动并从中受益。

◆ 主　　编　国家体育总局青少年体育司
　　　　　　国家体育总局体育科学研究所
　　责任编辑　王若璇
　　责任印制　马振武

◆ 人民邮电出版社出版发行　　北京市丰台区成寿寺路 11 号
　　邮编　100164　　电子邮件　315@ptpress.com.cn
　　网址　https://www.ptpress.com.cn
　　北京尚唐印刷包装有限公司印刷

◆ 开本：787×1092　1/8
　　印张：7.5　　　　　　　　2021 年 7 月第 1 版
　　字数：155 千字　　　　　2021 年 7 月北京第 1 次印刷

定价：118.00 元

读者服务热线：（010）81055296　印装质量热线：（010）81055316
反盗版热线：（010）81055315
广告经营许可证：京东市监广登字 20170147 号

编委会

主　任

王立伟　国家体育总局青少年体育司司长

冯连世　国家体育总局体育科学研究所所长

副主任

王　雷　国家体育总局青少年体育司副司长

杨　杰　国家体育总局体育科学研究所副所长

委　员

徐　杰　国家体育总局青少年体育司发展指导处处长

徐建方　国家体育总局体育科学研究所科学健身与健康
　　　　促进研究中心主任

前言

体育运动是儿童青少年成长过程中不可或缺的伙伴之一。它既能让儿童青少年茁壮成长，拥有强健的身体，又有助于他们养成良好的行为习惯和积极向上、拼搏进取、百折不挠、团结协作的优秀品质，"文明其精神，野蛮其体魄"是对它最好的诠释。然而，近年来，儿童青少年参与体育运动的情况不容乐观，进而带来一些严峻的问题——体质健康水平不断下降，肥胖率、近视率持续上升，脊柱和心理健康问题日趋显现。

党和国家历来关心儿童青少年的健康成长，重视通过体育运动提升儿童青少年的体质健康水平，陆续出台系列重要文件做出系统性指导。其中，《国务院办公厅关于强化学校体育促进学生身心健康全面发展的意见》提出，到 2020 年，学生体育锻炼习惯基本养成，运动技能和体质健康水平明显提升，规则意识、合作精神和意志品质显著增强；《国务院办公厅关于印发体育强国建设纲要的通知》将青少年体育发展促进工程作为重大工程，提出使青少年掌握 2 项以上运动技能的目标和要求。

为了普及体育运动项目知识，增进儿童青少年对体育运动项目的了解，激发他们的兴趣，让他们能在探索和尝试中找到自己喜爱、适合自己的体育运动项目，并能以科学、安全的方式参与其中，掌握运动技能，进而形成规律的运动习惯，身心健康得到全面发展，国家体育总局青少年体育司和国家体育总局体育科学研究所组织编写了《夏季奥运会小百科》和《冬季奥运会小百科》科普绘本，分别对 47 个夏季奥运会的体育运动项目和 15 个冬季奥运会的体育运动项目进行了多角度的趣味讲解。

《夏季奥运会小百科》围绕体育运动项目的起源与发展、竞赛规则、场地与装备、具有代表性的中国运动员等进行讲解。为了让讲解更加形象、立体和充满趣味，我们将比赛场景"搬"到了书上，结合清晰的标注文字，儿童青少年可以快速了解比赛场地是什么样的、如何才算赢得比赛和哪些行为违反规则等内容。期望儿童青少年能在自主或与父母、同伴的共同探索中收获更多的知识和乐趣。

在两本绘本的创作和审校过程中，编写团队查阅、参考了国际奥林匹克委员会和各个体育运动项目联合会的最新规则，尽可能确保内容的准确性。但由于时间和能力有限，书中难免会有谬误之处，敬请各位读者指正，以便及时修正完善。此外，衷心感谢所有体育工作者为各个体育运动项目的发展和推广做出的贡献，以及参与两本绘本出版的所有工作人员付出的努力。

最后，希望《夏季奥运会小百科》和《冬季奥运会小百科》能成为儿童青少年了解体育运动项目知识的窗口和引领他们进入体育运动领域的好伙伴；希望每一位儿童青少年都能体会到体育运动的乐趣，终身运动，保持健康和快乐！

本书贡献者

专业审读　张　斌（国家体育总局体育科学研究所）
崔新雯（国家体育总局体育科学研究所）
于博华（国家体育总局体育科学研究所）
李　良（国家体育总局体育科学研究所）

专业审校　邵　佳　刘宸鋆　尚明宇（国家体育总局体育科学研究所）
许　可　林嘉欣　刘馨鸿　高　也　马齐瑞（北京体育大学）
石雅俊　陈书宁　李丽凤　芦建东（北京体育大学）

脚本创作　王若璇（人民邮电出版社有限公司）
孙金金（灌木文化）

插画绘制　张宏亮　李小军　周　鸣　杨蓓蕾　王　晶（灌木文化）
梁　晶　陈雅婷　韩雅睿　薛文雨（灌木文化）

版面设计　王　平（灌木文化）
郝俊泽（灌木文化）

特别鸣谢　海豚科力（国家体育总局体育科学研究所科普讲解员）

目录

阅读提示

大家好！我是你们的科普讲解员海豚科力，欢迎和我共同探索奥林匹克运动的奇妙世界！接下来，我们要一起了解47项夏季奥运会比赛项目。对你而言，这些体育运动项目可能是有些陌生的"新朋友"，也可能是有一定了解的"老朋友"。你能从这趟探索之旅中获得哪些关于它们的新信息？随我一起来看看吧！

就像你我拥有与众不同的外形和性格一样，每一个体育运动项目都在长期的发展中形成了自己独特的"玩法"，因此它们使用的场地与装备、遵循的规则与要求及具有的观赏点都是不同的，书中呈现的比赛场景和不同版块能帮助你全面了解相关信息。你可以按下图所示的顺序，先了解体育运动项目的起源与发展，再到比赛场景中了解关键的竞赛规则和场地要求，这时，你就会对该项目的"玩法"有一个基本的认识。接下来，结合对观赏点的介绍，你就能以相对专业的视角来观看比赛了。之后，你可以通过书中对具有代表性的中国运动员获得的荣誉及其意义的介绍，了解中国在该项目上的发展。如果你有兴趣，还可以进一步查阅每位运动员的故事，相信你会被他们勇于挑战、追求卓越、不畏艰难的精神所感染。对体育运动项目有了这些新认识后，是不是有些跃跃欲试？那就来了解一下必要的运动装备吧！它们可以帮助你更加安全地参与运动。最后，你还可以从"小黑板"上了解更多其他信息。

怎么样？关于这些"新朋友"和"老朋友"的信息是不是非常丰富？你掌握了多少呢？不妨来挑战一下！书里设置了计数类、运算类和观察、判断类游戏。你如果很好地掌握了书中的知识，就一定能答对相应的问题。快来试一试吧！

对了，在一些体育运动项目的页面，你还可以看到很多来到"比赛现场"的观众。对照下边的观赛礼仪，看看他们有哪些做得不好的地方吧！

观赛礼仪

1. 配合安全检查，不携带违禁物品。

2. 提前入场，对号入座，有序进出。

3. 不可随意走动、高声接打电话。

4. 不可乱丢垃圾，保持场地清洁。

5. 不可向赛场投掷杂物、扰乱秩序。

6. 文明观赛，不说脏话，不喝倒彩。

7. 不可大声喧哗、影响运动员比赛。

8. 尊重比赛结果，为所有运动员鼓掌、喝彩。

9. 升国旗、奏国歌时，肃立、行礼。

10. 严格遵守比赛场馆的所有规定。

Weightlifting

举重

举重源自古时的以举起大石块的方式进行的力量对决。1891年，首届举重世锦赛在英国举行。1896年，首届奥运会便设有举重比赛项目。

观赏点 举重运动员在比赛中通常需要将2倍于自身体重的杠铃举至头顶上方，这不仅需要高水平的控制力和爆发力，还需要专注的精神和拼搏的勇气。该运动看似简单，过程却充满变数，结果也往往富有戏剧性，充满看点。

占旭刚 1996年和2000年，分别获得男子70公斤级比赛和77公斤级比赛的奥运会冠军，是中国首位连续在两届奥运会上获得冠军的举重运动员。曾多次刷新世界纪录。

邓薇 目前女子64公斤级抓举、挺举和总成绩的世界纪录保持者。2016年，获得女子63公斤级比赛的奥运会冠军。曾多次获得世锦赛冠军，包括2018世锦赛和2019年世锦赛的女子64公斤级抓举、挺举和总成绩冠军等。

至少2名裁判判定试举成功，即至少亮起2盏白色信号灯，当次试举才为成功。

抓举

抓举 面对杠铃站立，屈膝，双手掌心朝下抓住杠铃并将其直接举过头顶至双臂伸直，上举过程中保持杠铃始终贴近身体，双腿可分开并屈曲，然后应站直并确保双腿和躯干、杠铃在同一平面。待裁判发出放下的信号，将杠铃放回举重台。

挺举 面对杠铃站立，屈膝，双手掌心朝下抓住杠铃并将其提至肩部，双腿可分开并屈曲，然后应站直并确保双腿和躯干、杠铃在同一平面。上举过程中，杠铃始终贴近身体。被提至肩部前，杠铃不得触及胸部。可将杠铃接放在锁骨、胸部上部或完全屈曲的手臂上。接着，略微屈膝，伸展双臂，将杠铃举过头顶至双臂伸直，双腿可分开并屈曲，然后应站直并确保双腿和躯干、杠铃在同一平面。待裁判发出放下的信号，将杠铃放回举重台。

挺举		
第二次试举	147kg	●●●
抓举成绩	115kg	

- 先进行抓举，后进行挺举，二者成绩之和即为最终成绩。
- 抓举和挺举均有3次试举机会。
- 若未在每次试举前申请增加或减少重量，则试举重量自动递增。3名裁判对试举的成功与否进行判定。若抓举的3次试举均失败，则失去挺举资格。

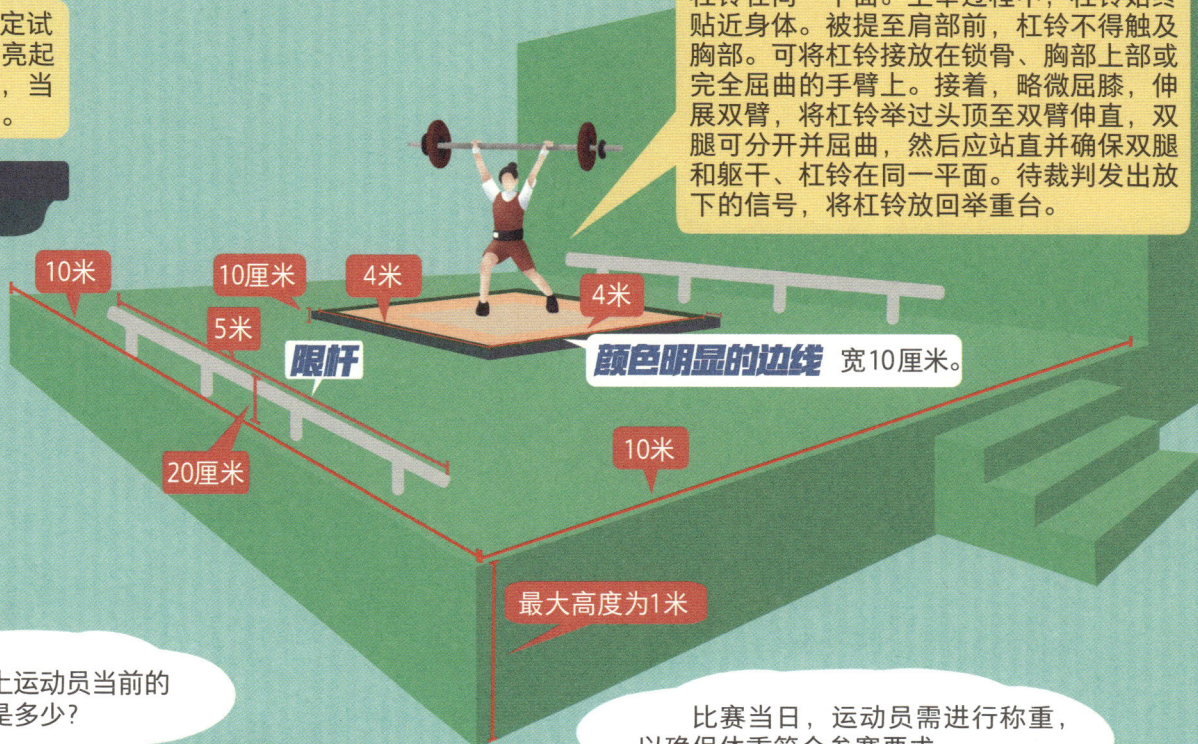

10米　10厘米　4米
5米　4米
限杆　颜色明显的边线　宽10厘米。
20厘米
10米
最大高度为1米

算一算

场上运动员当前的总成绩是多少？

比赛当日，运动员需进行称重，以确保体重符合参赛要求。

·奥运会比赛项目

男子：61公斤级、67公斤级、73公斤级、81公斤级、96公斤级、109公斤级、109公斤以上级。

女子：49公斤级、55公斤级、59公斤级、64公斤级、76公斤级、87公斤级、87公斤以上级。

★ 典型的试举失败

- 试举时，臀部接触举重台、双脚在举重台外或肘部触及大腿（挺举）。
- 裁判未发出放下信号便放下杠铃或将杠铃放在举重台外。

举重服 弹性较好的连体衣且为上身背心或短袖、下身短裤的样式，以方便裁判看清运动员肘部和膝部的动作。通常腿部别有标明身份的号码布。

举重鞋 具备稳定性好、硬度和摩擦力大的特性，以保护脚部。鞋跟具有一定高度，以辅助下蹲动作，但不宜过高，否则会对运动员的膝关节造成过大压力并提高前倾、跪倒的风险。

杠铃 由杠铃杆、杠铃片和卡箍组成。男子比赛用杠铃杆重20千克，女子比赛用杠铃杆重15千克。不同颜色的杠铃片重量不同，红色为25千克或2.5千克，蓝色为20千克或2千克，黄色为15千克或1.5千克，绿色为10千克或1千克，白色为5千克或0.5千克，将其安装于杠铃杆上时应遵循内重外轻的原则。卡箍重2.5千克，用于固定杠铃片。

防护配件 允许使用宽度不超过12厘米的腰带和无指手套、护掌、绷带等防护配件。

04

田径

Athletics

田径伴随人类历史的发展而逐步产生：远古时期，人类为了生存，需要熟练掌握走、跑、跳、投等技能。之后，这些技能成为军事训练的必备项目。19世纪初，欧美国家的一些学校开始举办正规的田径比赛。1896年，首届奥运会便设有田径比赛项目。

刘翔 亚洲田径史上首位集奥运会、世锦赛、国际田联大奖赛冠军于一身的跨栏运动员，职业生涯期间获得过36个世界级赛事的冠军。2006年，以12秒88的成绩打破维持了13年之久的男子110米栏世界纪录。

苏炳添 目前男子60米和100米的亚洲纪录保持者。2012年，成为中国短跑史上首位晋级奥运会100米半决赛的运动员。2015年和2017年，分别成为首位100米进入10秒大关的中国运动员和首位在国际田联钻石联赛百米大战中夺冠的中国运动员。

公路赛
包括马拉松比赛（男子、女子）、20千米竞走比赛（男子、女子）和50千米竞走比赛（男子）。
马拉松比赛：赛程为42.195千米，起点和终点可设在田径场内。
竞走比赛：要求运动员双脚不得同时离开地面，且从前脚触地到前腿垂直于地面，前膝不得屈曲。

全能赛
男子十项全能：包括100米、400米、1500米、110米栏4项径赛和跳远、跳高、撑竿跳高、铅球、铁饼、标枪6项田赛，分2天进行。
女子七项全能：包括200米、800米、100米栏3项径赛和跳远、跳高、铅球、标枪4项田赛，分2天进行。

算一算
参加5000米比赛的运动员需要跑几圈？

运动服
通常为背心搭配短裤，以使双臂和双腿可以灵活运动，一些参与投掷类项目比赛的运动员会穿着较长的下衣。上衣前后的颜色必须一致，前胸和后背别有号码布（跳跃类项目除外）。

运动鞋
径赛强调灵活性和稳定性，通常使用带有鞋钉的跑鞋。跳跃类项目强调弹性和减震性，投掷类项目强调支撑性和防滑性，分别使用不同类型的钉鞋。

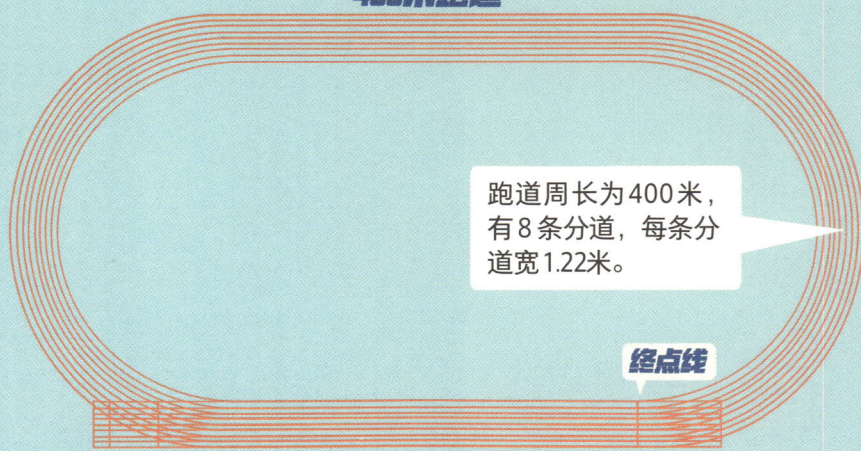

400米跑道
跑道周长为400米，有8条分道，每条分道宽1.22米。

终点线

终点线必须位于直线段上，且所有径赛单项的终点线相同。

径赛
包括100米、200米、400米、800米、1500米、5000米、10000米、110米跨栏（男子）、100米跨栏（女子）、400米跨栏、3000米障碍、4×100米接力、4×400米接力、4×400米混合接力比赛。均为竞速项目，率先达到终点者为胜。

在径赛中，运动员的躯干触碰终点线才被视为完赛，其他部位触碰终点线均不被视为完赛。

接力
4×100米接力和4×400米接力的接力区分别长30米和20米，必须在接力区完成交接棒。

跨栏
女子100米栏和400米栏分别高0.838米和0.762米，男子110米栏和400米栏分别高1.067米和0.914米，栏架均宽1.18~1.2米。3000米障碍的栏架高与400米跨栏相同，宽3.94米。

撑竿跳高

撑竿跳高落地区的边长为6米，以沙台或海绵包覆盖，立柱相距4.28~4.37米，助跑道至少长40米、宽1.22米。

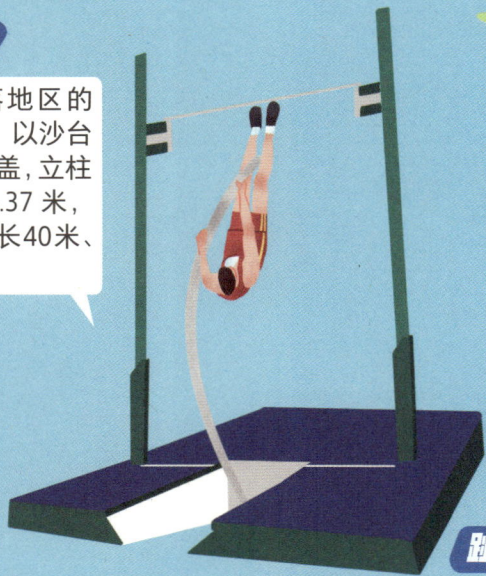

观赏点 田径包含众多小项，是产生金牌最多的项目，其核心目标便是争取更快、更远、更高、更强，不论是哪个小项，都会发生激烈的"争夺战"，运动员在比赛中不但要战胜对手，更要不断超越自己，这种坚持不懈的精神时刻感染着观众并引发共鸣。

田赛

包括跳远、三级跳远、跳高、撑竿跳高、铅球、链球、铁饼、标枪比赛。在跳远和三级跳远比赛中跳得最远者为胜，在跳高和撑竿跳高比赛中跳得最高者为胜。在铅球、链球、铁饼和标枪比赛中掷得最远者为胜。

跳高

跳高落地区长6米、宽4米，以沙台或海绵包覆盖，立柱相距4米，助跑区至少长25米、宽16米。

跳远

跳远沙坑宽2.75米，远端距起跳线不少于10米，助跑道长40米、宽1.22米，起跳板长1.22米、宽20厘米。

三级跳远

三级跳远沙坑宽2.75米，远端距起跳线不少于21米，助跑道长40米、宽1.22米，起跳板长1.22米、宽20厘米。

女子比赛用铁饼重1千克，直径为18~18.2厘米；男子比赛用铁饼重2千克，直径为21.9~22.1厘米。

铁饼

铁饼投掷圈的直径为2.5米，周围安有高4米、开口宽6米且开口距离投掷圈中心7米的护笼，扇形落地区的夹角为34.92度。

标枪

标枪助跑道长30米、宽4米，扇形落地区的夹角为28.96度。

女子比赛用标枪重0.6千克，长2.2~2.3米；男子比赛用标枪重0.8千克，长2.6~2.7米。

投掷后，枪尖先着地才算当次投掷成功，否则会被判失败，当次无成绩。

铅球

女子比赛用铅球重4千克，直径为9.5~13厘米；男子比赛用铅球重7.26千克，直径为11~14.3厘米。

铅球投掷圈的直径为2.135米，抵趾板厚11.2~30厘米、长1.2~1.22米，扇形落地区的夹角为34.92度。

链球

链球投掷圈的直径为2.13~2.14米，周围安有高7米、开口宽6米且开口距离投掷圈中心7米的护笼，扇形落地区的夹角为34.92度。

女子比赛用链球重4千克，全长为1.195米，球体直径为9.5~11厘米；男子比赛用链球重7.26千克，全长为1.215米，球体直径11~13厘米。

径赛典型犯规

起跑犯规：在发令枪信号响起前起跑。

分道跑犯规：在没有外界因素影响的情况下离开自己的赛道并因此获利。

做标志：除分道接力跑外，在跑道或跑道沿线做标志或放置标志物。

阻碍他人：在比赛中故意挤撞或阻挡其他运动员进入赛道。

田赛典型犯规

顺序错误：未按照排定顺序进行比赛。

标志物：跳跃类比赛允许放置1~2个标志物，投掷类比赛仅允许放置1个标志物，超出数目或使用不易去除痕迹的物质进行标记即为犯规。

提供帮助：在投掷类项目的比赛中，具有用胶带将2个或2个以上手指捆绑起来、在身上捆绑重物、在投掷圈或鞋底喷洒增强摩擦力的物质等不被允许的帮助行为。

公路赛典型犯规

马拉松：在非官方供应处获得饮料、食品或拿取其他运动员的饮料、食品。

竞走：裁判认为运动员的动作不完全符合要求和不符合要求，则可分别出示黄牌警告和红牌；当3名裁判对同一运动员出示红牌时，该运动员的比赛资格被取消。

足球

Football

古代足球源自中国的球类游戏"蹴鞠"，现代足球则起源于英国。校园足球运动萌芽于16世纪，到19世纪已非常兴盛。1848年，英国剑桥大学制定了基本的竞赛规则。1863年10月26日，一些足球俱乐部、学校和足球爱好者召开会议，成立英格兰足球总会，草拟出统一的竞赛规则，这一天因此被称为"现代足球日"。1900年，足球成为奥运会正式比赛项目。

比赛由上、下两个半场组成，每个半场的比赛时长为45分钟，两个半场之间的休息时间不超过15分钟。若比赛是淘汰赛，必须决出胜负，则比赛双方在常规时间内打平就进入上、下半场各15分钟的加时赛；若加时赛依旧打平，则通过罚点球分出胜负。

孙雯 中国国家女子足球队前队长，带领球队多次闯入世界大赛的决赛。凭借1999年世界杯打入7球的惊人表现，荣获金球奖和金靴奖，并被国际足球联合会授予"20世纪世界最佳女子足球运动员"称号。

孙继海 职业生涯期间，共获得4次甲A联赛冠军、2次超霸杯冠军、2次足协杯冠军、1次超级杯冠军和1次英甲冠军。是首位在英超联赛中进球的中国足球运动员，也是首位入选英格兰足球名人堂的中国足球运动员。

球门 挂有球门网，由守门员把守，将球攻入对方球门1次可得1分。

球门线 球整体越过球门线才算攻入球门。

罚球点 罚点球时，球摆放的位置。

5.5 米

5.5 米

2.24米

7.32米

16.5 米

球门区 当球最后触碰攻方队员且在球门外整体越过球门线时，由守方队员在该区域任意位置开球门球。开球门球时，应将球开至罚球区外，可直接射门。此时攻方队员应在罚球区外。在球被其他队员触及前，开球门球的队员不得再次触球。

护腿板 放置于足球袜中，用于保护胫骨。

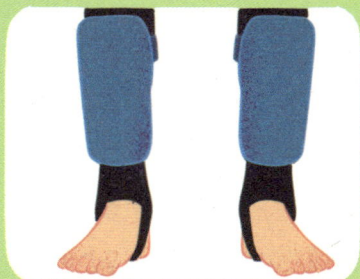

足球服 应为有袖的运动上衣和短裤（守门员可穿长裤），与对手在颜色上有鲜明的区别，上面一般标有队名、运动员名字和号码。

10 LLP

足球鞋 鞋底一般有鞋钉，包括适用于雨天松软草皮的钢钉、适用于天然草皮的长钉、适用于较好人造草皮的短钉、适用于一般人造草皮的人造草皮专用钉和适用于人工塑料场地的碎钉等。

足球袜 长度在膝盖下方，弹性和包裹性极佳，能够保护小腿。

足球 外壳以皮革等材料制成，周长为68~70厘米，重410~450克。

红队　白队

33:53

从地面到空中的立体式竞争、快速的攻防转换和激烈对抗都牢牢抓住观众的视线。单个运动员的技术、团队之间的配合、教练的战术部署和裁判的现场判罚均影响着比赛结果，胜负难以预料，因此比赛的每一秒都充满悬念、扣人心弦。

一方至少有 7 名队员上场才能继续比赛。如果由于红牌或伤病等原因，一场上队员不足 7 人，比赛就不能继续进行。

角球区 当球最后触碰守方队员且在球门外越过球门线时，由攻方队员在离出界处较近的角球区开角球。开角球时，不得移动角旗杆，可直接射门。守方队员与球的距离应大于9.15米。在球被其他队员触及前，开角球的队员不得再次触球。

宽64~75米

中线 划分前、后半场，前场为对方半场，后场为己方半场。

9.15 米

一方出场队员为11名，其中1名必须为守门员，替补队员最多为5名，换人次数最多为3次。

中圈 每个半场比赛开始时和进球得分后，攻方 2 名队员在中圈内进行开球，其余队员应在中圈之外。开球时可直接射门。注意，比赛开始前通过掷硬币来决定挑选场地和开球的权利。

在养护天然草皮时，由于割草机的切割方向、草的断面和生长方向以及反射光线不同，从而形成足球场深浅相间的颜色。这种颜色有助于缓解运动员和观众的视觉疲劳及裁判更精准地判罚越位。

边线 压线为界内；如果球在空中出线，即便未落地，也为出界。

100~110米

16.5 米

罚球区 当守方队员在该区域犯规时，攻方队员获得点球或间接任意球机会。

请判断

图示中的红方运动员 B 越位了吗？（红色箭头表示传球方向）

离对方球门倒数第二近的对方队员。

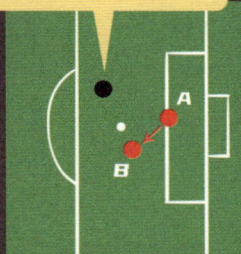

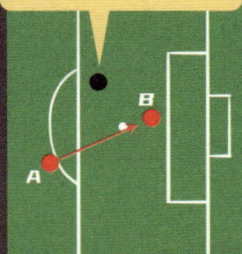

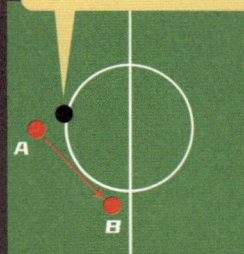

离对方球门倒数第二近的对方队员。

离对方球门倒数第二近的对方队员。

任意球

当运动员草率、鲁莽地使用过大的力量踢或企图踢、绊摔或企图绊摔、打或企图打、跳向、冲撞、推搡、拉扯对方队员，断球时先触及对方队员而非球，向对方队员吐口水，或故意手球时，对方队员可在规定地点开直接任意球，此时可直接射门；罚球区内的直接任意球被称为点球。当运动员有其他犯规行为时，对方队员可在规定地点开间接任意球，此时不得直接射门。

黄牌和红牌

由英格兰裁判雅士顿发明，目的是免除判罚时的语言误会；当运动员具有持续不断的恶意犯规、假摔或冲撞守门员等犯规行为时，会被黄牌警告；当运动员具有辱骂其他运动员、裁判或观众等严重犯规行为时，会受到红牌处罚，被驱逐离场，球队要在缺人的状态下继续比赛（当任何一方的场上队员不足 7 人时，比赛无法继续）；当运动员在同一场比赛中得到两张黄牌时，等同得到一张红牌。

越位

在对方半场，运动员处于越位位置且获利。
- 越位位置：离对方球门倒数第二近的对方队员与球门线之间的区域。
- 获利：接到队友朝向球门的传球、在队友射门时阻挡守门员视线等。

越位位置

离对方球门倒数第二近的对方队员。

Basketball

篮球

篮球由美国马萨诸塞州斯普林菲尔德市基督教青年会训练学校体育教师詹姆士·奈史密斯发明。他受到儿时"石头上的鸭子"游戏的启示，结合美式橄榄球、足球等其他球类运动的特点，发明了被视为篮球前身的投球游戏。最初，投球的目标是桃筐。1936 年，篮球成为奥运会正式比赛项目。

姚明 中国篮球史上里程碑式的人物。曾是中国男子篮球领军人物，带领中国国家男子篮球队取得奥运会前 8 的优异成绩；还是美职篮历史上首位外籍"状元"，并 8 次入选美职篮全明星阵容。

郑海霞 中国篮坛名将，她曾是中国女子篮球领军人物，为中国女子篮球开创了一个辉煌的"郑海霞时代"；还是亚洲首位加盟美国国家女子篮球联盟的篮球运动员。

比赛由 4 节组成，每节 10 分钟（一些职业联赛，如中国男子职业篮球联赛，每节 12 分钟），第 1、2 节之间和第 3、4 节之间休息 2 分钟，第 2、3 节之间休息15分钟。常规时间内平分则进入加时赛，每节 5 分钟，直至分出胜负。

一方出场队员为 5 名，替补队员为 7 名，换人次数不限。

底线 不属于比赛场地，踩线即出界。

06:38 06:38

15米

数一数

场上运动员的数量正确吗？

篮球 男子比赛用 7 号球：周长为 75~77 厘米，重 580~620 克。女子比赛用 6 号球：周长为 71.5~73 厘米，重 510~550 克。

护腕、护肘、护膝 保护重要关节。

篮球服 上面一般标有队名、运动员姓名和号码。

篮球鞋 具有良好的支撑性、稳定性和减震性，能在激烈的对抗中保护运动员的脚踝和膝盖。

圆柱体原则

篮筐 将球投入对方篮筐即可得分。

边线 踩线即出界。

28米

3分线 踩线及在线内区域投中得2分，在线外区域投中得3分。

3.05米

2.9米

无撞人半圆区 也被称为合理冲撞区，在该区域内，守方队员一旦与攻方队员有身体接触很可能被判防守犯规。

罚球线 被犯规后在此罚球，罚进1次得1分。

限制区 攻方队员在无球或无进攻动作、意图的情况下不得在该区域停留超过3秒。

中圈 用于跳球，通过跳球拿到球的一方获得进攻权。

中线 将场地分为前、后场。中线是后场的一部分。

圆柱体原则：

站在场上的运动员占据假想的圆柱体空间；该空间前方由双手界定，后方由臀部界定，两侧由双臂、双腿的外侧界定，手和手臂向前伸时，弯曲的肘部不能超过双脚的位置；离开自己的圆柱体空间和在此空间内垂直跳起的上方空间而以不合理的方式接触他人的，被视为犯规。

典型违例	
• **带球走违例：** 球在手上，走2步以上。	
• **二次运球违例：** 停止运球后再次运球。	
• **球回后场违例：** 一般指将球带至对方半场后又主动越过中线将其带回己方半场。	
• **8秒违例：** 攻方从己方半场控制活球开始，未在8秒内将球带至对方前场。	
• **24秒违例：** 攻方从控制活球开始，未在24秒内投篮或投篮后球未触及篮筐。	

请判断

场上是否存在犯规和违例行为？

三人篮球

3x3 Basketball

三人篮球由街头篮球发展而来，被视为世界第一城市团体运动。2017年，国际奥林匹克委员会确认三人篮球成为2020年东京奥运会正式比赛项目。

- **队员：** 每队出场队员3名，替补队员1名，换人次数不限。
- **场地：** 长15米，宽11米。
- **用球：** 周长为72~74厘米，重580~620克。
- **时长：** 比赛时间为10分钟，终场时得分更高的一方获胜；常规时间中率先得到21分的一方同样获胜；如果双方在常规时间内平分则进入加时赛，率先领先对方2分的球队获胜。
- **进攻权：** 掷硬币。
- **进攻时长：** 12秒。

排球 Volleyball

排球出现于 1895 年，是美国马萨诸塞州霍利奥克城的体育工作人员威廉·摩根发明的。他试图在激烈的篮球和休闲的网球之间找到一种既有趣味又能适当锻炼身体的运动，于是将二者相结合，在篮球场地放上网球的球网，用手来回击打篮球内胆，并制定了相应规则。该运动逐渐发展为现代排球。1964 年，排球成为奥运会正式比赛项目。1996 年，沙滩排球成为奥运会正式比赛项目。

黄队 ◄	2	13
蓝队	2	14

一场比赛最多由 5 局组成，率先赢得 3 局者为胜。每局比赛中，率先得 25 分且领先对手 2 分及以上者为胜；24：24 平后，率先领先对手 2 分为胜。局比分为 2：2 平时，双方进入决胜局：率先得 15 分且领先对手 2 分及以上者为胜；14：14 平后，率先领先对手 2 分为胜。

郎平 运动员时期，以 4 号位高点强攻和强劲精准的扣杀闻名，被称为"铁榔头"，连续 3 次被评为女排世界三大赛"最有价值球员"。执教中国国家女子排球队期间，多次带领球队获得奥运会、世界杯等世界大赛的冠军，是"女排精神"的代表人物。

朱婷 现任中国国家女子排球队队长，不但具有天生的身高和协调性优势，还具有全面、稳定的技术和强大的爆发力，曾获得奥运会、世界杯等多项国际赛事的冠军，并荣获多项赛事的"最有价值球员""最佳主攻"等称号。

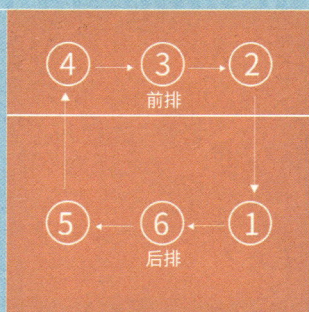

发球 比赛开始前通过抽签来决定挑选场地和发球的权利。

轮换发球 当接球方得分，成为新发球方时，队员按顺时针方向轮转，之前的 2 号位变为新的 1 号位，进行发球，得分则由 1 号位继续发球，失分则交换发球权。未按此顺序则视为犯规。

球场 上空 7 米以内，四周 3 米以内，无障碍物。

一方出场队员为 6 名，替补队员为 6 名，除自由人外，每局每队最多可换人 6 次。自由人替换后排队员的次数不受限制。

发球区

9 米

端线 属于比赛场地，球压线为界内。

自由防守队员 常被称为自由人。可以在死球后和裁判鸣哨示意发球之前替换后排任一队员，但不得发球和拦网。

18 米

请判断

场上的哪个队赢得了比赛？

排球服 上面一般标有队名、运动员姓名和号码。自由人的队服往往与其他队员队服的颜色不同。

护腕、护肘、护膝 保护重要关节。

排球 周长为 65~67 厘米，重 260~280 克。

排球鞋 鞋底具有优良的减震性和防滑性，往往为低帮，重量较轻，以满足运动员连续起跳、快速变向和侧向移动的需求。

典型违例	
发球违例	包括发球顺序错误、发球时双手击球、单手抛推球或踩踏发球区以外地面、裁判允许发球后 8 秒内未发出等。
位置违例	1 号位发球时，其他队员未按规定站位。
连击违例	除拦网运动员外，同一运动员连续触碰球 2 次。
持球违例	运动员未将球击出，而是接住。
4 次击球违例	除了拦网外，同一运动队连续触球 4 次。
过中线违例	运动员任一部位越过中线触及对方场地。

观赏点 激烈的对抗性和攻防技术的转换是观众关注的焦点，尤其是在网上扣拦时球员发挥的技术。水平越高的比赛交锋的回合次数越多，每个回合的不可预知性都扣人心弦。

击球和得分 应在 3 次击球内将球击回对方场地，未能做到则对方得 1 分。注意，可用任意身体部位击球。

拦网 在网前跳起，拦下对方的进攻，是非常有效的防守手段，且拦网触球不计算在 3 次击球内。

进攻线 距中线 3 米。后排运动员起跳时脚不得触及或越过该线。

球网 长 9.5 米，宽 1 米，男子网高 2.43 米，女子网高 2.24 米。

前场区

后场区

边线 属于比赛场地，球压边线为界内。

中线 将球场平均分为两个相等场区。

Beach Volleyball

沙滩排球

沙滩排球最早出现于 20 世纪 20 年代的美国。一开始，它只是一项家庭休闲活动，之后很快流行开来，成为颇受欢迎的体育运动。1996 年，沙滩排球成为奥运会正式比赛项目。

队员	一方出场队员为 2 名，无替补队员。
场地	小于室内排球场地，长 16 米，宽 8 米。
球网	高度与室内排球一致。
用球	大小与室内排球一致，但气压约小 30%，因此质地更软、球速更慢。
进攻权	掷硬币。
赛制	一场比赛最多由 3 局组成，率先赢得 2 局者为胜。每局比赛中，率先得 21 分且领先对手 2 分及以上者为胜；20：20 平后，率先领先对手 2 分为胜。局比分为 1：1 平时，双方进入决胜局；率先得 15 分且领先对手 2 分及以上者为胜；13：13 平后，率先领先对手 2 分为胜。

与室内排球规则的显著不同：拦网触球计算在 3 次击球内；不得以指腹触球。

乒乓球 Table Tennis

乒乓球被称为我国的"国球"。它的前身是"桌上网球":19世纪末,因进行网球运动受到场地和天气的限制,一些英国大学生以餐桌和羊皮纸为球台和球拍,进行击球比赛。因击打时所发出的声音,该运动得名"乒乓球"。1988年,乒乓球成为奥运会正式比赛项目。

观赏点 快攻时,球的速度超过 100 千米/时。让人目不暇接,假动作和旋转球使对手无法准确判断落点,轮换发球的攻守变化时刻影响着运动员的心理状态,这些都使得比赛异常激烈且充满悬念。

3 **11-11** 3

奥运会的乒乓球单打比赛最多由 7 局组成,首先取得 4 局胜利者为胜;双打和团体比赛最多由 5 局组成,首先取得 3 局胜利者为胜。每局比赛中,率先得 11 分且领先对手 2 分及以上者为胜;10:10 平后,率先领先对手 2 分者为胜。

刘国梁 在运动员时期,多次获得男子单打、男子双打、混合双打、男子团体比赛的世界冠军,是中国男子乒乓球史上首位获得世界杯、世锦赛、奥运会冠军的大满贯得主;执教中国国家乒乓球队期间,多次带领球队在各项世界大赛中取得辉煌战绩。

邓亚萍 在14年的运动生涯中赢得18个世界冠军,曾连续 8 年占据世界乒坛榜首,成为目前乒乓球史上保持该名次时间最长的女运动员,同时也是中国女子乒乓球史上首位获得世界杯、世锦赛、奥运会冠军的大满贯得主。

中线 将球台分为左、右两个半台。在双打比赛中,中线属于发球和接发球运动员的右半台的一部分。

高 75 厘米,用于隔开观众和相邻赛场

单打比赛中,一方出场队员为 1 名。双打比赛中,一方出场队员为 2 名。

发球或击球得分 合法发球或击球后,球触及对方台区但对方未能合法还击即可得 1 分。

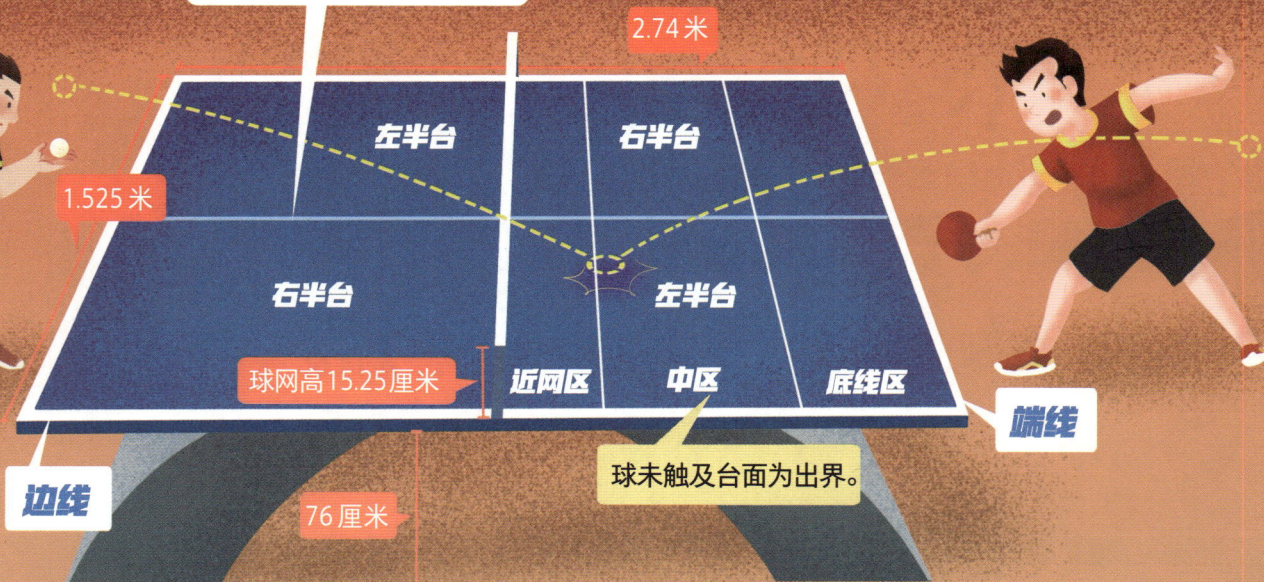

2.74 米

左半台 右半台

1.525 米

右半台 左半台

球网高15.25厘米 近网区 中区 底线区

边线 端线

76 厘米

球未触及台面为出界。

请判断

该回合场上的哪方得分?下回合场上的哪方发球?

乒乓球拍 底板以木料为主,拍面覆盖一层普通颗粒胶或海绵胶,普通颗粒胶厚度不超过 0.2 厘米,海绵胶厚度不超过 0.4 厘米,必须为一面红色,另一面黑色。

乒乓球拍有**横握**和**直握**两种握法,后者是乒乓球运动发展到亚洲后产生的,据说与我们使用筷子的方式有一定关系。

乒乓球服 通常为方便四肢运动的短袖或无袖上衣、短裤,在颜色上与对手有明显的区别。上衣背面标有运动员的队名、姓名和号码。

乒乓球鞋 鞋面软硬适中,具有良好透气性和稳定性;鞋底不宜过厚,以保证更快的启动速度;鞋帮不宜过高,以保证运动员有更高的灵活性。

乒乓球 直径为 4 厘米,重 2.7 克,外表为无光泽的白色、黄色或橙色。
★扣杀时,乒乓球最高速度可达 170 千米/时,其在搓球时的速度仅为 25 千米/时。

• 在发球和回球时,乒乓球必须在己方台面弹跳1次,否则失1分。

• 回球时,来球触及台面才可击球,否则失 1 分。

• 不得故意连续 2 次或多次击球,否则失 1 分。

• 在发球和回球时,不执拍手不得触及台面,否则失 1 分。

★发球

• 比赛开始前通过掷硬币来决定挑选场地和发球的权利。

• 比赛过程中,一方发球 2 次后交换发球;10:10 平后,改为双方交替发球。

• 在双打比赛中,发球员在己方的右半台将球发至对方的右半台,由对方接发球员接发球。发完两球后,双方交换发球权,原接发球员成为新发球员,原发球员的队友成为新接发球员,以此类推。

Badminton

羽毛球

羽毛球的起源被认为与中国的打手毽、板羽球，印度的浦那运动，以及日本的用木质球拍来回击打插羽毛的樱桃核运动有关。现代羽毛球公认源自英国。1873年，在英国伯明顿镇的博福特公爵的宴会上，一名军官介绍了浦那运动。因其极具趣味性，这项运动很快在英国流行起来。羽毛球的英文名称即源自伯明顿镇。1992年，羽毛球成为奥运会正式比赛项目。

观赏点 高水平的运动员在高速击球的同时，依然能够利用假动作、变换握拍方式、改变击球力度和角度、使用不同战术来增加比赛的悬念和激烈程度；双打比赛中同队的两位运动员的相互配合和攻防转换也是一大观赏点。

19-20 一场比赛最多由 3 局组成，率先赢得 2 局者为胜。每局比赛中，率先得 21 分且领先对手 2 分及以上者为胜；20：20 平后，率先领先对手 2 分者为胜；29：29 平后，率先得 30 分者为胜。

林丹 职业生涯极其辉煌，获得过2次奥运会男子单打冠军、2次世界杯男子单打冠军、5次世锦赛男子单打冠军、5次苏迪曼杯团体冠军和6次汤姆斯杯团体冠军。

李玲蔚 被誉为"羽坛皇后"，是首位集世锦赛、世界杯、英锦赛和世界系列大奖赛冠军于一身的女子羽毛球单打运动员，被国际羽毛球联合会授予羽毛球"名人堂"奖。

前发球线 单打、双打发球区界线。球压线为界内。

得分为双数时 在右发球区发球和接发球。

双打比赛场地

单打比赛场地

右发球区

双打后发球线 双打发球区界线，球压线为界内。

单打后发球线 单打、双打比赛和单打发球区界线，球压线为界内。

中线 划分左、右发球区。

左发球区

左发球区

球网中央高 1.524 米

得分为单数时 在左发球区发球和接发球。

0.76 米

6.1 米

13.4 米

6.1 米

右发球区

球网两端高 1.55 米

发球或击球得分 合法发球或击球后，球在对方界内落地即可得 1 分。

单打比赛中，一方出场队员为1名。双打比赛中，一方出场队员为2名。

发球员在一侧发球区内将球发至斜对角的发球区，不得踩线；只有接发球员可以接发球。

双打边线 双打赛场和发球区界线，球压线为界内。

单打边线 单打赛场和发球区界线，球压线为界内。

请判断

该回合场上的哪方得分？得分方赢得比赛了吗？

甜区 拍面的有效击球区。

羽毛球拍 拍上通常标注 U 和 G 两个重要参数，U 代表重量，数值越小则越重，G 代表拍柄粗细，数值越小则越粗。

羽毛球 重 4.7~5.5 克；底部球形直径为 2.5~2.8 厘米；16 根羽毛，每根的长度均为 6.2~7 厘米，顶端圆形直径为 5.8~6.8 厘米。
★ 扣杀时，羽毛球最高速度可超过 400 千米 / 时，是目前时速最快的球类运动。

羽毛球服 通常为方便四肢运动的短袖上衣、短裤，在颜色上与对手有明显的区别。上衣背面标有运动员的队名、姓名和号码。

羽毛球鞋 防滑性能是第一要素，同时兼具良好的缓冲和减震性能，而重量较轻且更为耐磨的设计则为运动员的快速运动带来极大的便利。

典型违例

- **不合法发球：** 包括非法延误发球、未在指定区域发球、球高于场地地面上方 1.15 米、发出的球未落入指定区域等。

- **过网击球：** 击球时，球拍与球的最初接触点越过球网，侵入对方场区。

- **连续击球：** 同一运动员连续 2 次击中球或双打比赛中同队的 2 名运动员连续各击球 1 次。

- **拖带：** 击球时球停滞在拍上并被拖带。

- **触网：** 运动员的球拍、身体或衣服触及球网或球网的支撑物。

网球 Tennis

网球源自一种两人隔绳以掌击圆形布卷的游戏。后来，球拍发展为穿线网面，绳子被球网替代。1873 年，英国人温菲尔德设计出名为"草地网球"的户外活动，这是现代网球的起点。该运动传入美国后演变为在多种场地上进行，人们便用"网球"取代"草地网球"。1896 年，首届奥运会便设有网球比赛。

李娜 职业生涯期间获得世界大赛的女子单打冠军 19 个、女子双打冠军 16 个，包括极具分量的法网和澳网女子单打冠军，是亚洲首位大满贯女子单打冠军得主，并成为首位进入国际网球名人堂的亚洲运动员。

彭帅 获得多项世界大赛的女子单打、双打冠军，包括极具分量的温网和法网女子双打冠军，曾获得女子双打世界第一的荣誉。

白方	7	5	40
蓝方	6	0	30

15、30、40 计分方式的由来：曾经人们玩网球游戏时用时钟计分，每得 1 分拨动 1 刻钟，也就是 15 分钟；但在英文中，"45"为三音节词，读起来拗口，就改为双音节词"40"。

目前耗时最长的职业比赛：在 2010 年的温网男单比赛中，美国选手伊斯内尔和法国选手马胡特的比赛耗时 11 小时 5 分钟，分 3 天进行。

- 通常采用 3 盘 2 胜制或 5 盘 3 胜制。

  在一些比赛中，1：1 平后，直接进入抢十局，率先赢得 10 局且局分领先对手 2 分者赢得该轮比赛。

- 在每盘比赛中，率先赢得 6 局且局分领先 2 分者为胜；5：5 平后，率先连赢 2 局者为胜。

  在短盘制比赛中，6：6 平后，进入抢七局，率先赢得 7 局且局分领先对手 2 分者赢得该盘比赛。

- 在每局比赛中，率先赢得 4 分且领先对手 2 分者为胜；3：3 平，率先领先对手 2 分者为胜。

  除抢七局和抢十局，1 分、2 分、3 分分别记为 15、30、40。3：3 平时显示为 40：40，这之后率先得 1 分为占先，显示为 AD，再得 1 分则赢得该局，再失 1 分则回到 40：40。也有一些比赛取消占先，40：40 后，率先得 1 分者赢得该局。

请判断

该回合场上的哪方得分？若该比赛采用 3 盘 2 胜制，得分方赢得比赛了吗？

网球 直径为 6.35~6.67 厘米，重 56.7~58.5 克，以橡胶化合物制成，表面均匀覆盖毛质纤维；不同场地使用不同类型的专用球。

网球服 男性以短袖上衣、短裤为主，女性以短袖或无袖上衣、短裤或短裙为主，采用轻松舒适、便于行动的设计及轻便透气、吸汗性好的材料。

网球拍 由拍头、拍喉、拍柄组成，搭配网球线、避震结等使用，每位运动员根据自身情况和赛事特点选择拍面尺寸、重量、拍框厚度、平衡点、长度和穿线方式等不同的球拍。

网球鞋 具有较好的稳定性、减震性、防滑性和缓冲性，鞋面以皮面为主，鞋底则根据不同场地材质而定：采用凸起颗粒纹路的鞋底适用于草地场，采用宽波沟纹路的鞋底适用于红土场，采用细密人字形纹路的鞋底适用于硬地场。

发球规则

- 比赛开始前，通过掷硬币来决定哪方挑选场地、哪方先发球。

- 在单打比赛中，每局指定一方为发球员，另一方为接发球员，下一局双方互换，以此类推。但在抢七局和抢十局中，第 1 分由该盘先发球的一方发球，第 2 分和第 3 分则由对方发球，第 4 分和第 5 分再次交换，以此类推，直至分出胜负。

- 在双打比赛中，假设先发球方两名队员为 A 和 B，另一方两名队员为 C 和 D，第 1 局指定 A 为发球员，C 为接发球员，第 2 局指定 C 为发球员，A 为接发球员，那么第 3 局 B 为发球员，D 为接发球员，第 4 局 D 为发球员，B 为接发球员，以此类推。

- 发球时的第 1 次失误被称为一发失误，可重新发球，再次失误则失 1 分。注意，发球擦网但落在规定区域内，不算作一发失误，即仍有 2 次发球机会。

对方未触到球，使得己方直接得分的发球被称为 Ace 球

观赏点 灵活的战术和多变的击球线路使得场上局势瞬息万变，一球制胜的爆发力和多拍相持的耐力都是不容错过的精彩镜头，在制胜分、决胜局上你来我往的激烈竞争更是具有令人屏住呼吸、认真观看的魅力。

单打比赛中，一方出场队员为1名。双打比赛中，一方出场队员为2名。

10.97 米

不得过网击球，也不得使身体或球拍触网，否则失1分。

右发球区　左发球区

网柱高1.07 米

球网中央高 0.914 米

23.77 米

每侧网柱距球场双打边线 0.914 米

左发球区　右发球区

发球区中线

单打边线 单打比赛场地和单、双打比赛发球区界线，球压线为界内。

发球线

双打边线 双打比赛场地界线，球压线为界内。

无人区 对手回球落点最多的区域，在此进攻或防守都较困难。

8.23 米

端线 单、双打比赛场地界线，球压线为界内；发球时，运动员应站在端线后、中心标志和边线延长线之间。

中心标志 与发球区中线对齐，将端线分为左、右两区，发球员轮流在两区后发球。每局开始，发球员在右区后将球发至斜对角的发球区（不得踩线）。

高尔夫球

Golf

有关高尔夫球的起源尚无定论，古时中国的捶丸游戏和罗马的帕哥尼卡游戏均被认为与该运动类似。现代高尔夫球源自15世纪的苏格兰。高尔夫球的英文名"golf"源自苏格兰方言"gouf"，意为"击、打"。世界首家高尔夫球俱乐部成立于苏格兰爱丁堡并制定了高尔夫球最初的规则。1900年，高尔夫球成为奥运会正式比赛项目。

第1洞 标准: 5杆（Par 5）
距离: 495米
第1杆

高尔夫球比赛分为比洞赛和比杆赛。奥运会为比杆赛，要求运动员进行4轮18个球洞的比赛。每一轮的成绩为将球打进18个球洞使用的杆数，4轮杆数之和最少者为胜；杆数持平则进入3个球洞的附加赛，即以将球打进3个球洞使用的杆数决定胜负。

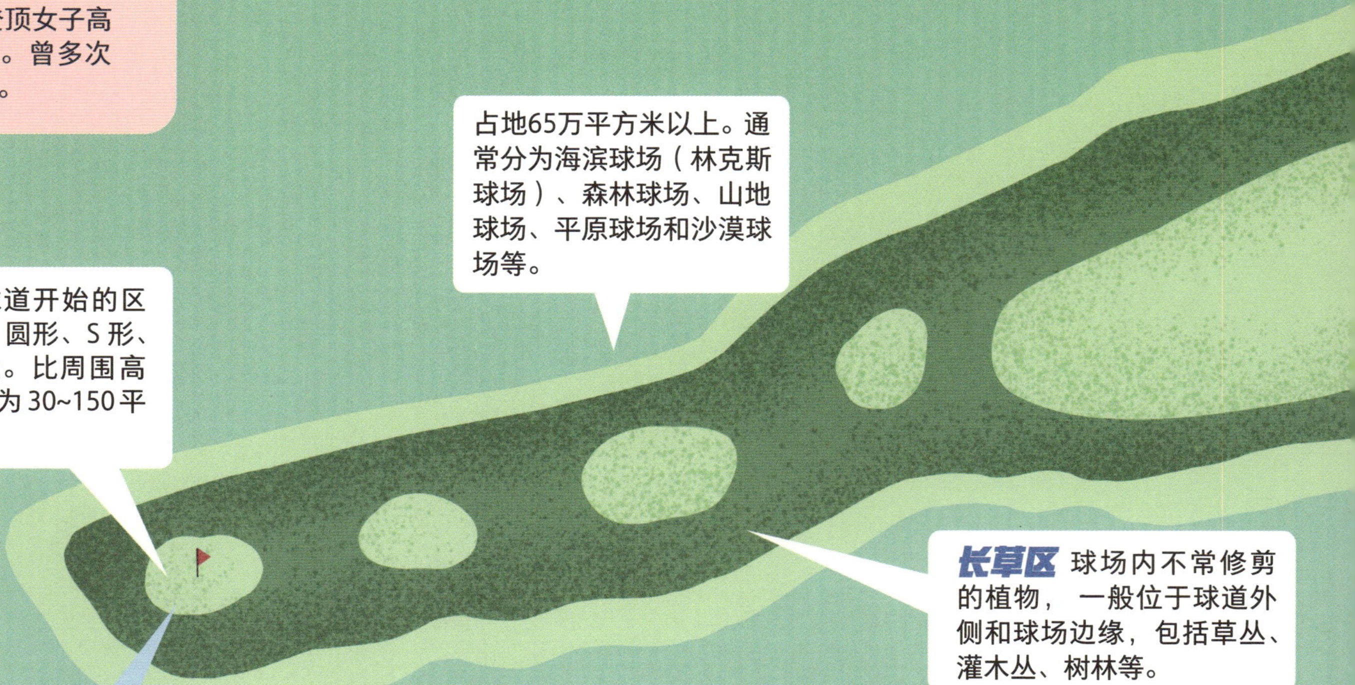

冯珊珊 2016年，获得奥运会季军，为中国赢得首枚高尔夫球奥运会奖牌。2017年，登顶女子高尔夫球世界第一的宝座。曾多次在大满贯赛中夺得冠军。

占地65万平方米以上。通常分为海滨球场（林克斯球场）、森林球场、山地球场、平原球场和沙漠球场等。

发球台 每个球道开始的区域，有半圆形、圆形、S形、L形等多种形状。比周围高0.3~1米，面积为30~150平方米。

长草区 球场内不常修剪的植物，一般位于球道外侧和球场边缘，包括草丛、灌木丛、树林等。

运动员可由1名球童陪同，帮忙背球杆、递球杆等。

比赛时，自行准备球杆和球，最多可携带14支球杆。

请判断

如果场上的运动员将球打进该球洞使用了3杆，则被称为什么球？

每个球洞都有标准杆数，通常为3~5杆，以Par加数字的方式记录。
例如：标准杆数为5杆，记为"Par 5"。

- 将球打进球洞使用的杆数比该球洞的标准杆数少1杆、2杆和3杆分别被称为小鸟球（Birdie）、老鹰球（Eagle）和双鹰球（Albatross）。
- 将球打进球洞使用的杆数与该球洞的标准杆数持平被称为平球（Par）。
- 将球打进球洞使用的杆数比该球洞的标准杆数多1杆、2杆和3杆分别被称为柏忌（Bogey）、双柏忌（Double Bogey）和三柏忌（Triple Bogey）。

观赏点 运动员面对时刻变化的地形和环境，必须在最短时间内判断目标方向和所用球杆，有时需要奋力一击，有时则需要进行精确调整，这既要求运动员具备一定水平的运动技术，还要求运动员具备高水平的心理素质和战术素养，这种技术和心理上的双重较量是该运动最大的看点。

沙坑 障碍区的一种，向下凹陷，覆盖沙子，面积和形状各不相同。

标志树 在距离发球台 46 米、91米、137米、183米的位置栽种特定数量和大小的树木，帮助运动员判断击球落点。

球场为室外环境，比赛受天气影响较大，运动员需及时应对风力、风向等的变化。

球道 连接发球台和果岭的区域。长小于230米的为短球道，长为230~430米的为中球道，长大于430米的为长球道。

水障碍 障碍区的一种，包括湖泊、池塘、溪流、沼泽等，分为正面和侧面2种。

标志旗 旗杆插在球洞内的杯中，旗子上标有球洞序号，指示果岭的位置。

球洞 内有直径为10.8厘米、深10.2厘米的金属或塑料杯。标准高尔夫球场有18个球洞，运动员需使用球杆将球打入所有球洞。

高尔夫球 比赛用球直径不大于42.67毫米，重不超过45.93克。按照球核结构，可分为双层球、三层球和多层球。表面均匀分布300~500个小凹洞，有助于球飞得更久、更稳定。

果岭 设有球洞的特殊草坪区域，精心修剪过的短草利于球的滚动。面积为297~1115平方米，具体大小由球道长短和障碍区难度高低决定。

高尔夫球比赛没有裁判，要求所有运动员自觉遵守竞赛规则。

高尔夫球杆 每位运动员比赛时最多可携带14支球杆，包括打远距离球的1号杆、距离和精度兼备的球道木杆、在果岭上使用的推杆和精度较高的铁杆等。

高尔夫球服 上衣通常为高领，下衣通常为运动西裤，女运动员还可以穿短裤或短裙。上衣应较长并扎在下衣中。上下衣均应为吸汗速干、舒适防晒的材质。

高尔夫球鞋 鞋底具有鞋钉、鞋纹，以增强摩擦力和抓地力。鞋面为皮革材质，以适应雨天或草地沾有露水的情况。

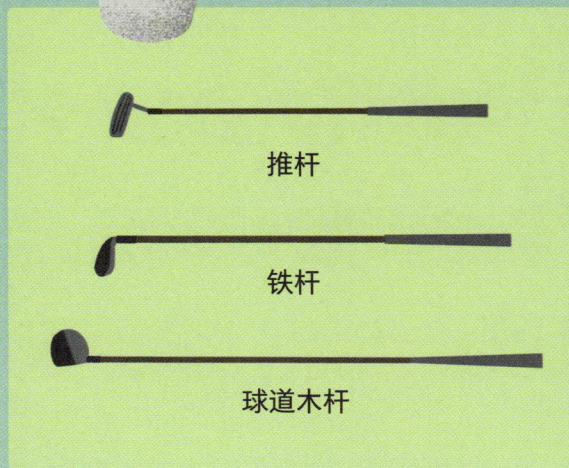

推杆

铁杆

球道木杆

Handball

手球

19世纪末，欧洲出现类似手球的游戏。1906年，由丹麦体育教师、奥运会奖牌获得者霍尔格·尼尔森制定的手球竞赛规则出版。之后，这项运动在丹麦、德国、瑞典等国家逐步普及。1946年，国际手球联合会成立。1972年，7人制手球成为奥运会正式比赛项目。

蓝方	6	上半场 16：31	7	红方

比赛由上、下两个半场组成，每个半场的比赛时长为30分钟，之间休息时间为10分钟。若比赛双方在常规时间内打平，则进入上、下半场各5分钟的决胜期。若继续打平，则进入第2个决胜期。若仍旧打平，则通过掷7米球来分出胜负。若还是打平，则双方进行1对1掷罚，直至分出胜负。

王权 中国国家男子手球队队员，被公认为目前中国乃至亚洲最为优秀的手球守门员之一。2020年，以外援身份加盟克罗地亚的冠军球队萨格勒布队，并在欧冠联赛中以一记超远射空门成功进球，成为首个在该项赛事中进球的中国手球运动员。

外球门线 当攻方队员或守方守门员将球掷出外球门线时，掷守门员球；当守方其他队员将球掷出外球门线时，攻方在出界地点一侧的边线掷边线球。

20米

守门员限制线 当守门员在防守7米球时，不得越过该线；也被称为4米线。

4米

7米

3米

3米

球门区 只允许守门员进入，其他运动员不可进入该区域（踩线即算进入）获利，但攻方队员在球门线后起跳射门而在球门区内落地是允许的。守门员在该区域内不受针对普通运动员的规则的限制，可以持球自由移动，也可以在做出防守动作时用身体任何部位触球，但离开该区域就要遵守针对普通运动员的规则。

球门线 球完全越过球门线才算攻入球门。攻入对方球门1次得1分。

7米线 当守方队员破坏了攻方队员的明显得分机会或越区防守（即进入球门区防守且破坏了对方的进攻）时，攻方任一队员在7米线后（不得踩线）掷罚7米球，此时双方其他队员需位于任意球线外。

6米

9米

数一数

场上运动员的数量是否正确？

40米

手球 男子比赛用手球的周长为58~60厘米，重425~475克。女子比赛用手球的周长为54~56厘米，重325~375克。

在手上涂抹一种专门为手球运动配制的松脂，以增加附着力，便于在比赛中单手握球。

手球服 以短袖上衣、短裤为主，上衣一般标有队名、运动员姓名和号码。队服上的号码只能是1~20号。守门员的队服颜色要区别于同队其他运动员。

护肘、护膝、护腕 保护重要关节。

手球鞋 鞋面透气轻便，鞋垫具有较好的减震和排汗除湿性能，鞋底材质以橡胶为主，具有极强耐磨性和高弹抗冲击力。

手球规则

- 不允许守门员：延迟掷守门员球、控制球后持球离开球门区、持球重新进入球门区等。

- 不允许普通运动员：用膝盖以下部位触球、持球时间超过3秒、持球走超过3步、运球后再次持球走超过3步、二次运球等。

- 不允许进攻方：消极比赛，即在没有明显进攻或射门意图的情况下控制球。

- 不允许所有运动员：拉、抱、推或撞对方队员，用手臂或腿阻挡或挤对方队员，故意向对方队员施以危险动作，等等。

观赏点 手球允许身体接触，这大大增强了比赛的激烈程度。在高强度的对抗中，不论是传球速度、运动员跑动速度，还是战术配合、攻防转换节奏，都非常快，加之各种鱼跃射门、隐蔽传球和闪电扑救动作，让比赛精彩纷呈，常常令人目不暇接。

换人次数无限制。

换人区 换人时，运动员必须在己方换人区进场和退场，且需遵守先退后进的规则。

4.5米

任意球线 一方在该线内犯规或违例时，另一方在该线外距离犯规或违例点最近的位置掷罚任意球，此时对方队员应距离掷球队员至少3米。

一方出场队员为7名，替补队员为5名。

中线 划分前、后半场，前场为对方半场，后场为己方半场。每个半场开始时或一方得分后，在此开球。比赛开始前通过掷硬币来决定挑选场地和开球的权利。

2米

3米

球门 位于端线中央，由守门员把守，将球掷入对方球门1次可得1分。球门上挂有球网，横梁和立柱上漆有对比鲜明的两种颜色。

球门区线 也被称为6米线。

端线 由球门线和外球门线组成，压线为界内。

边线 压线为界内。要注意的是，如果球在空中出线，即便未落地，也为出界。一方将球掷出边线时，另一方掷边线球，此时可直接射门。

请判断

场上是否有违规行为？

曲棍球 Hockey

古希腊建筑浮雕上6人持弯棍进行游戏的图案和埃及墓葬壁画上2人手持弯棍对峙的图案都展现了古时与曲棍球类似的游戏的场景。在中国唐代,持弯棍击球的游戏被称为步打球。现代曲棍球源自19世纪初的英国。1875年,首个曲棍球协会成立并出版了竞赛规则。1908年,曲棍球被列为奥运会正式比赛项目。

中国国家女子曲棍球队 2002年,获得世界冠军杯赛冠军和亚运会冠军。2008年,获得奥运会亚军。2010年和2014年,获得亚运会亚军。

黑方 **白方**
2 : 2
第二节
06:11

由4节比赛组成,每节15分钟,第1、2节之间和第3、4节之间休息2分钟,第2、3节之间休息5分钟。常规赛中允许出现平局。若淘汰赛中出现平局,则通过23米球决出胜负。

23米球: 一方出场队员为5名,依次进入场地,从23米线的中点出发,与守门员进行1对1比拼,在8秒内完成射门。得分多的一方获胜。

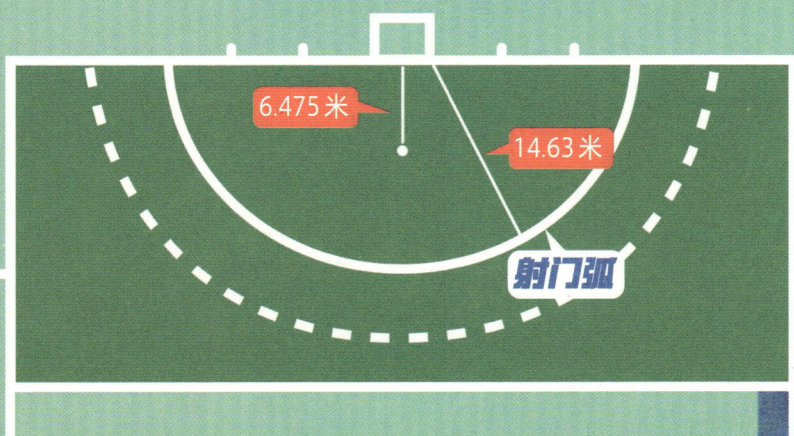

6.475米

14.63米

射门弧

91.4米

边线 压线为界内。

点球点 主罚点球的队员将球放在该点来罚点球。

22.9米

球门 挂有球网,由守门员把守,使用球棍在射门弧区内将球击入对方球门1次可得1分。

3.66米

底线标志线 侧面上方不少于0.9米

侧面下方不少于1.2米

3.66米

14.63米

横梁下沿距地面2.14米

5米

10米

护具 守门员还需要穿戴保护头颈部的头盔、保护躯干的护身和保护四肢的其他护具。

曲棍球球棍 由高强度塑料或木材制成,长不超过1.05米,重不超过737克。

护具 需穿戴护腿,以保护胫骨。

曲棍球服 以短袖上衣、短裤为主,在颜色上与对手有明显的区别,上衣一般标注队名、运动员姓名和号码。守门员队服的颜色通常与其他队员的不同。

曲棍球鞋 设计上更注重对脚部(尤其是脚踝)的支撑和保护。鞋底摩擦力较大,以适应快速的跑、停和转身动作。

曲棍球 通常由硬塑料制成,周长为22.4~23.5厘米,重156~163克。

观赏点 队员通过球棍运球、传球、接球和拦截球，难度较大，攻防转换可能在一瞬间发生，因此场上形势不断变换，比赛场面精彩绝伦。比赛用球较小，被击出时的速度很快，使得比赛的节奏也很快，观众必须全神贯注。队员间的传接球配合和对战术部署的执行情况对比赛结果起着至关重要的作用，是比赛的重要观赏点。

短角球 攻方罚球队员至少一只脚位于底线后，并将球放在底线上距离球门立柱至少 10 米的位置，其余队员位于射门弧线外的场内。守方只能派出 5 名队员防守，位于球门线后，其余队员位于中线后。球发出后，双方队员方可移动。注意：将球移出射门弧区后才可射门；首次射门为击球（非推球、拉球或挑球）时，球越过球门线时的高度不得超过 46 厘米。

球门线 球完全越过球门线且飞行过程中没有出射门弧区才为进球。

开球 比赛开始前通过掷硬币来决定球门和开球权。前两节由拥有开球权的一方开球，后两节换另一方开球。每次得分后，由非得分方开球。

除射门时，不得故意击出高球。

55 米

6.475 米

底板高 46 厘米

底线 压线为界内。

射门弧区 攻方队员将球带入该区域才可射门。

一方出场队员为 11 名，替补队员为 5 名，换人次数无限制。

除守门员外，不得以身体任何部位击球。

23 米线 除主罚点球时，守门员不得越过该线。

中线 在该线的中点开球。

23 米区 罚点球期间，除主罚和防守点球的队员外，其余队员不得在该区域内。

14.63 米

15 米标志线

表面允许有防滑凹痕。

不得用球棍背面（凸面）击球。不得用球棍击打对手的球棍，也不得用球棍边缘大力正手击球。

有以下情况时，**攻方获得短角球机会。**
- 守方队员在射门弧区有不影响进球的犯规行为。
- 守方队员在 23 米区有故意犯规行为。
- 守方队员故意将球打出底线。

有以下情况时，**攻方获得点球机会。**
- 守方队员在射门弧区有影响进球的犯规行为。

裁判对严重犯规球员使用三色牌。
- 绿牌：表示警告，运动员离场 2 分钟。
- 黄牌：运动员离场至少 5 分钟。
- 红牌：运动员离场。

橄榄球 Rugby

橄榄球源自 19 世纪的英国。1823 年，在英国拉格比学校的一场足球比赛中，由于本队比分落后，威廉·韦伯·埃利斯情急之下抱起球跑向对方球门。他一路过关斩将，将球扔进对方球门内，这种违反足球竞赛规则的举动意外地促成了一项新运动的诞生并令其得名"拉格比足球"。因该运动用球形似橄榄，在中文里便被叫作橄榄球。该运动传入美国后，规则有所改变，演变为美式橄榄球。因此，现代橄榄球分为美式和英式，英式橄榄球又分 15 人制和 7 人制。2016 年，7 人制橄榄球成为奥运会正式比赛项目。这里对 7 人制橄榄球进行介绍。

中国国家女子橄榄球队 成立于 2003 年。2006 年，获得亚锦赛冠军。2014 年，获得亚运会冠军。2019 年，获得 2020 年东京奥运会参赛资格。

由上、下两个半场组成，每个半场 7 分钟，之间休息 2 分钟。常规赛中允许出现平局。若淘汰赛中出现平局，则进入延长期比赛。延长期比赛也分上、下半场，每半场 5 分钟，之间不休息。

红方 14　**2:00**　**蓝方** 07

边线 赛场界线，球压线为出界。

极阵边线 极阵界线，球压线为出界。

极阵 攻方队员可在对方的该区域通过达阵得分。

至少为 3.4 米

5.6 米

68~70 米

死球线 极阵界线，球压线为出界。

罚罚达阵 攻方队员极有可能达阵的机会被守方队员的暴行破坏，得 7 分。

数一数

橄榄球有几种得分方式？

橄榄球 由 4 部分组成的椭圆形物体，长轴周长为 74~77 厘米，短轴周长为 58~62 厘米，重 410~460 克。最常用轻巧且防水的皮革材料或合成材料。

橄榄球服 以短袖上衣、短裤为主，在颜色上与对手有明显的区别。上衣一般标有队名、运动员姓名和号码。队服上号码只能是 1~20 号。颜色最好与橄榄球有所区别，以免看不清球的位置。

橄榄球鞋 鞋面使用排汗性较好的材质，鞋底则根据场地情况装配不同类型的橡胶鞋钉，使抓地力更强，避免运动员滑倒。

- **前抛和前拍**：持球运动员向对方阵线方向抛球或将接触到手臂的球向对方阵线方向拍出，是比赛中较常见的犯规行为。

- **越位**：一方队员在持球队友的前面或在最后控制球的队友前面；处于越位位置的队员对比赛造成了干扰、向前移动或朝球移动时，就会被判犯规。

- **扑搂**：持球运动员被对方队员捕捉而倒地或掉球，此时，扑搂运动员应立刻释放被扑搂运动员，被扑搂运动员应立刻传球，其他运动员不得倒在球上或倒在已倒地运动员身上，否则均为犯规。

- **司克兰**：比赛中出现轻微违例或比赛暂停之后重新开始争取球权时，比赛被叫停，双方进行司克兰，即：每队 3 名前锋互相搂抱，钩球队员位于中间，双方半蹲顶架，获得球权一方的队员向中间投球，然后双方相互顶推，钩球队员用脚抢球并将球向后踢出，同队队员可在后方拿到球，重新组织进攻。

追加射门 攻方队员通过达阵得分后，获得落踢射门的机会，射中得2分。

罚踢射门 一方被判犯规，另一方进行罚踢，可在60秒内落踢射门，射中得3分。

开球 比赛开始前通过掷硬币来决定挑选场地和开球的权利。每次得分后，由得分方开球。开球时，开球方其他队员需站在开球队员的后方，对方队员需站在10米线上或后方，开球队员以落踢（将球扔向地面，待其反弹后，将其踢出）的方式将球踢至或超过对方10米线。

中线 在该线的中点开球。

一方出场队员为7名，替补队员为5名。

22米线

22米

落踢射门 比赛过程中，以落踢的方式进行射门，射中得3分。

10米

10米线

3米

94~100米

观赏点 相较于传统的15人制橄榄球，7人制橄榄球人数更少，运动员的活动范围更广，观众能够更好地欣赏到个人技术的施展。更快的比赛节奏与运动员快速的临场反应、奔跑速度使比赛有更多的进球和高潮。

阵线 赛场界线和极阵界线，球压线为达阵。

达阵 攻方队员将球带至对方极阵内并使球触地，得5分。

6~22米

10米

10米

为获得争球优势，双方都会将队员抬高。

15米线

越位线

5米线

双方相距1米

出界线

边线

争边球

球出界（除射失点球）时，非最后控球方的队员向场内投球，双方站成争边球队列来抢球。在5米线外、15米线内，双方至少有2名队员形成争边球队，他们彼此相距1米，中间有一条假想的与中线平行的出界线，投球队员沿该线将球投入双方队列之间。不参与争边球的队员应在10米之外，否则会被判越位。

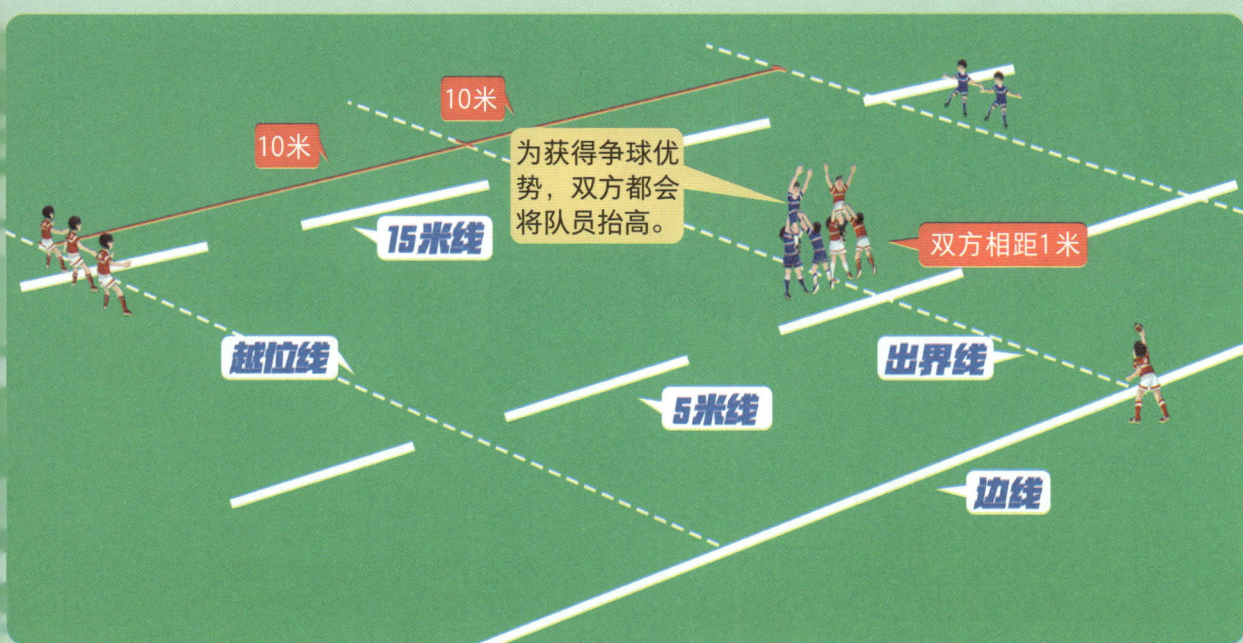

Baseball

棒球

古希腊和古印度的浮雕和石碑上使用木棒击球的图案展现了古时与棒球类似的游戏的场景。15世纪流行于英国的板桨球游戏也可视作棒球的前身。18世纪，该游戏与美国波士顿的一种跑圈游戏相结合，逐渐演变成现代棒球。1839年，首个棒球比赛在美国纽约州的库珀斯敦镇举办。1845年，棒球竞赛规则出台。1992年，棒球成为奥运会正式比赛项目（仅设立男子项目）。

Softball

垒球

为了避开恶劣天气的影响，人们开始转至室内进行棒球运动。经过一系列改革，新的运动逐渐形成并转移到室外进行，发展为深受大众喜爱的独立项目。1933年，统一的竞赛规则出台。同年，这项运动被正式命名为垒球。1996年，垒球成为奥运会正式比赛项目（仅设立女子项目）。

中国国家女子垒球队 1990年和1994年，获得亚运会冠军。1991年、1995年和1999年，获得亚锦赛冠军。1996年，获得奥运会亚军。

一方出场队员为9名，替补队员为11~19名。换人无次数限制，但被替换下场的队员不得再次上场。

比赛开始前通过掷硬币决定哪方先进攻。

位于垒包的跑垒员是安全的。1个垒包只能有1位跑垒员。

偷垒 在活球状态下，位于垒包的跑垒员跑进下一垒包。

跑垒员 正在进垒、触垒或回垒的攻方队员。

投手 负责投球的守方队员。

为防止跑垒员偷垒，投手可向垒包投出牵制球，该球不计为好球或坏球。

击球员 负责击球的攻方队员。

击跑员 击球后，击球员跑向一垒则转变为击跑员。

裁判在此判断投手投出的球是好球还是坏球。

击球员击出有效球并离开本垒后，不得再回跑至本垒。

捕手 在本垒后方防守的守方队员。

第3局	好球：2　坏球：2　出局：0									
	1	2	3	4	5	6	7	8	9	得分
白方	4	2	2							8
蓝方	3	2	0							5

棒球比赛由9局组成，得分之和高者为胜。若得分之和相同则进入决胜局，该局得分高者为胜，若得分仍相同则进入下一个决胜局，直至分出胜负。在每一局，击球员击球后依次跑入一垒、二垒、三垒和本垒即可得1分；守方将3名击球手淘汰出局后，双方交换攻防权。

数一数

场上有几位跑垒员？

击球员专用头盔 硬质外壳，有护耳。

捕手专用头盔 硬质外壳，护住整个头部。

手套 投手、捕手、一垒手和其他防守队员分别使用不同的手套。

护具 捕手必须佩戴护胸、护肘、护裆和护腿等护具，以保护相应位置。

棒球棒 圆柱形，最粗处直径不超过66厘米，长不超过106.7厘米。握棒位置不超过自棒端起45.7厘米。

缝线有108针。

棒球服 通常为套头短袖上衣和束腰长裤，与对手在颜色上有明显的区别。上衣后背标注的号码大于15.2厘米。衣裤上不得有类似棒球的饰物、玻璃纽扣或发光物品等。

棒球 表皮由皮革缝制而成，球心由软木、橡胶或类似物质构成且上面缠绕麻线。周长为22.9~23.5厘米，重141.8~148.8克。

棒球鞋 鞋底有由橡胶或金属制成的片状鞋钉。

观察点 棒球是一项对运动员的体力和脑力均有较高要求的运动项目。在比赛中，团队配合比个人英雄主义更重要，运动员在激烈对抗中要随时观察场上形势并与队员进行信号交流，以随时调整战术，应对场上的变化。瞬间的得分或出局都会让观众情绪高昂，尤其当击球员打出精彩的本垒打时，现场气氛将会被推至高点。垒球与棒球规则相似，但场地小很多，因此比赛节奏更快，具有独特的精彩之处。

接杀 若击球员击出的球在触地前被守方队员接到（包括界外球），则击球员被淘汰出局。

外场手 在外场各位置防守的守方队员。

封杀 当跑垒员无法回到原垒包时，若持球的攻方队员比跑垒员先到达下一垒包，则跑垒员被淘汰出局。

内场手 在内场各位置防守的守方队员。

触杀 当跑垒员位于垒包外时，若持球的攻方队员触碰跑垒员，则跑垒员被淘汰出局。

三振出局 投手投出3次好球，击球员被淘汰出局。

棒球场地

外场区

草地线

二垒 半径为3.96米的扇形区域。

内场区

投手区 半径为2.74米的圆形区域，投手在该区域投球。

本垒打线 越过该线的球，守方队员无法接到，击球员可完成本垒打。

一垒 半径为3.96米的扇形区域。

28.93米

27.43米

跑垒限制线 若跑垒员在跑垒时离开该区域，则被淘汰出局。

界线 长97.54米，球越过该线即为出界。

三垒 半径为3.96米的扇形区域。

投手板 投手轴心脚站立位置。长0.61米，宽0.15米。

18.44米

击球区 长1.82米，宽1.22米，击球手在该区域击球。

本垒 半径为3.96米的圆形区域。

准备击球区 直径为1.52米的圆形区域，下一位击球员在此候场。

捕手区 短线长1.1米，长线与击球区相连，捕手在该区域防守。

后挡网线 距离本垒尖角18.29米。

好球区 本垒板正上方、上至击球员肩部与腰部正中间、下至击球员膝部的立体空间。投手投入该区域的球和投手未投入该区域但击球手有挥棒动作的球为好球；投手未投入该区域且击球手无挥棒动作的球为坏球。

投手投出4次坏球，所有跑垒员进1垒。

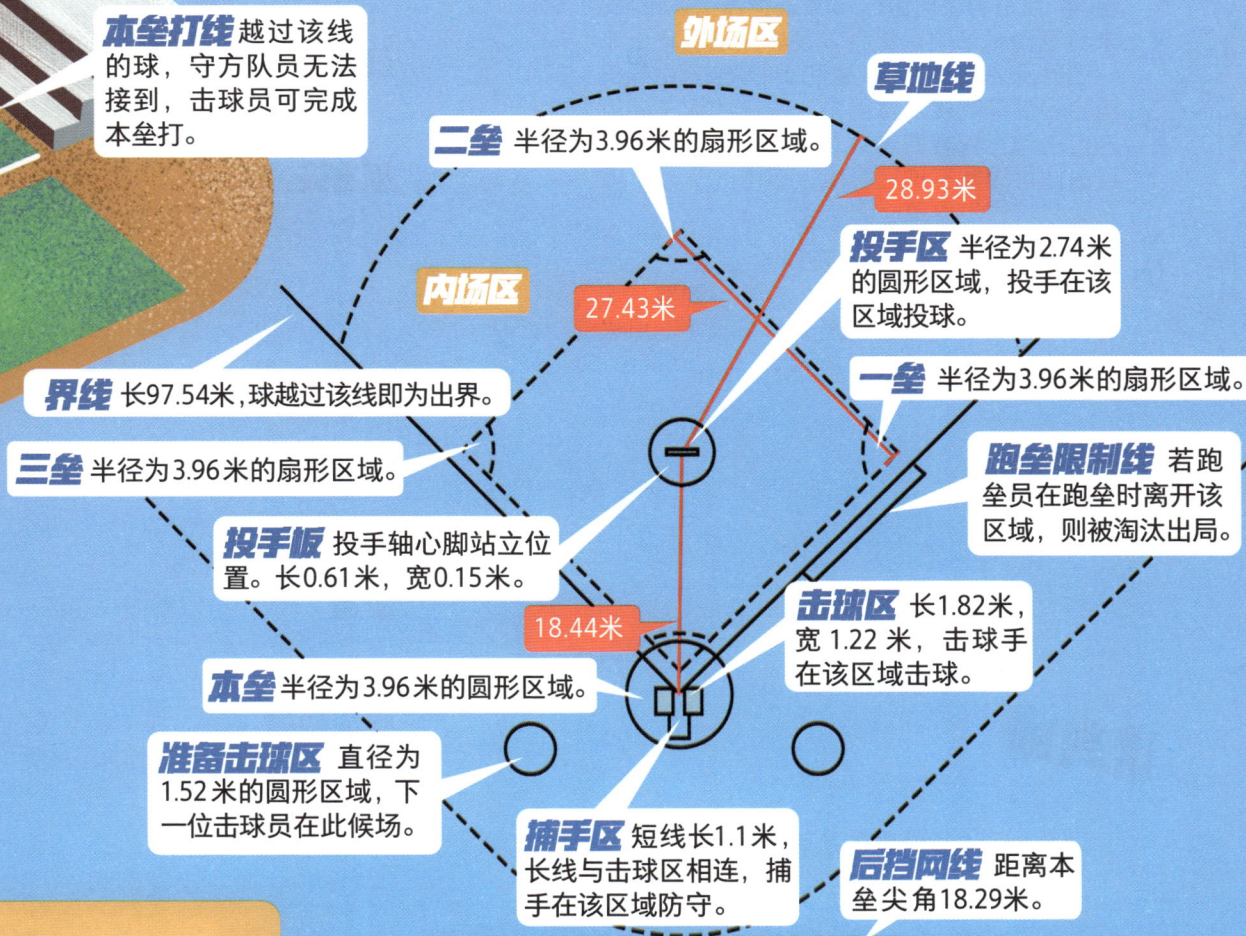

垒球与棒球的区别

- **装备区别**
垒球周长为30.2~30.8厘米，重178~198.4克，比棒球更大、更重。垒球球棒最粗处直径不超过5.7厘米，长不超过86.4厘米，比棒球球棒更细、更短。运动员握棒位置不超过自棒端起38.1厘米。
- **分类区别**
垒球分为慢投垒球和快投垒球，棒球分为硬式棒球和软式棒球，奥运会比赛项目为快投垒球和硬式棒球。
- **场地区别**
垒球场地比棒球场地小：棒球场地界线长97.54米；垒球场界线长60~70米。
垒球场地的一垒使用双色垒包。

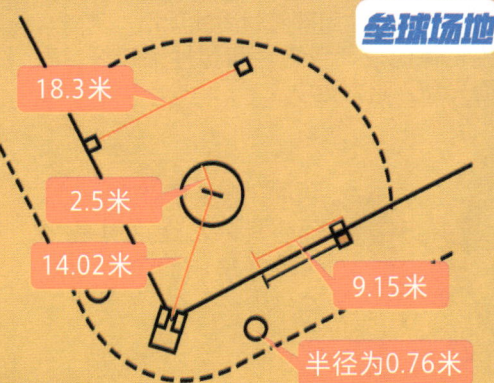

垒球场地

18.3米

2.5米

14.02米

9.15米

半径为0.76米

- **规则区别**
垒球比赛由7局组成，比棒球比赛少2局。
垒球比赛规定被替换的球员有1次再次上场的机会，棒球比赛不允许再上场。
垒球比赛规定投手将球投出时手不得高于腰部，棒球比赛没有这一限制。
垒球比赛规定跑垒员只能在投手投出球后离垒，棒球比赛允许跑垒员在活球状态下随时离垒。

常见得分形式

本垒打：击球员将球击至界内后开始跑垒，成功经过一垒、二垒和三垒后回到本垒。

适时安打：击球员将球击至界内后，已在场上的跑垒员成功回到本垒。

强迫取分：击球员击出高飞球或触击球，为在三垒的跑垒员争取到成功回到本垒的机会。

- **高飞球**：被击出的球高空飞行，极有可能在触地前被守方队员接到，导致击球员出局。

- **触击**：被击出的球滚动或弹跳到投手和一垒手（通常为负责防守一垒的守方队员）间的地面，击球员极有可能被一垒手封杀。

垒球常用投球方式之一：风车式投球

棒球常用投球方式之一：侧身投球

23

游泳 Swimming

游泳是人类为了生存而发展出来的技能，早在远古时期就已存在。中国古代的陶器上便雕刻着人们潜水捕猎的场景。17世纪60年代，在英国很多地区，游泳活动广泛开展。1828年，人们在英国利物浦修建了世界首个室内游泳池。1837年，首个游泳组织在英国伦敦成立，举办了英国最早的游泳比赛。1896年，首届奥运会便设有游泳比赛项目。

孙杨 目前男子自由泳1500米世界纪录和400米奥运会纪录的保持者，世界泳坛历史上唯一的男子200米、400米和1500米自由泳奥运会和世锦赛双满贯得主、唯一的男子400米自由泳世锦赛四连冠及唯一的男子800米自由泳世锦赛三连冠得主，自由泳个人单项金牌数位居世界第一。

叶诗文 中国泳坛首位获得全运会、亚运会、世界杯、长池世锦赛、短池世锦赛、奥运会冠军的金满贯运动员，目前女子200米混合泳奥运会纪录的保持者。

第5泳道 4：28.43

使用指定泳姿以最快时间游完规定距离者为胜。

自由泳 严格地说，自由泳不是指一种泳姿，而是竞技游泳比赛项目。在比赛中，运动员可以自由地选择泳姿，大多数运动员会选择使用速度最快的爬泳。
基本姿势 俯卧，双腿上下交替打水，双臂前后交替划水。

仰泳 仰泳时，面部露出水面，因此相对于其他泳姿，它的呼吸技巧更容易被掌握。
基本姿势 仰卧，双腿上下交替打水，双臂前后交替划水。

蛙泳 该泳姿模仿青蛙姿势，历史最为悠久。
基本姿势 俯卧，双腿与双臂保持对称并以固定节奏进行划水和蹬腿动作。

蝶泳 蝶泳时，双臂如蝴蝶展翅，双腿如海豚游动，因而也被称为海豚泳。
基本姿势 俯卧，躯干和双腿以波浪状上下起伏打水，双臂同时完成出水、移臂、划水的动作。

请判断

场上运动员使用的是哪种泳姿？

泳镜 包括镜片、鼻架、密封圈、镜框、镜带和调节扣等结构，其中，镜片一般覆盖具有防雾和防紫外线功能的镀膜，还有不同度数的镜片可供选择。

泳帽 一般使用硅胶材质的泳帽，其防水性、保温性、包裹性和弹性都较好，表面光滑，阻力更小。

耳塞 避免耳朵进水，预防耳朵发炎，对易得耳道疾病的个体十分有用。

鼻夹 防止水倒灌进鼻腔，避免产生呛水或不适感，对初学者十分有用。

游泳服 专业游泳服的包裹性极强，弹性较小；使用非渗透性的材质，搭配防水贴条，能最大限度地防止进水。
★ 女运动员穿连体泳衣。连体泳衣上不超过肩部，下不超过膝盖，不能覆盖肩颈部。
★ 男运动员穿泳裤。泳裤下不超过膝盖。

典型犯规

- **抢跳犯规**：在出发信号发出前抢跳者会被直接取消比赛资格，在出发信号发出后抢跳者会在比赛结束后被取消取资格。

- **比赛犯规**：未在规定泳道内游完全程。

- **转身犯规**：转身时身体未触池壁或在池底跨越、行走。

- **干扰比赛**：游至其他运动员泳道进行干扰、阻碍或未参赛人员下水干扰、阻碍运动员。

- **穿戴犯规**：穿戴任何规定以外且有利于提升成绩的用具。

- **接力犯规**：前一位运动员尚未触池壁，后一位运动员就已离台出发。

奥运会比赛通常包括以下项目。
个人赛：自由泳、蛙泳、仰泳、蝶泳、混合泳。
团体赛：自由泳接力、混合泳接力、男女自由泳接力、男女混合泳接力。

大家好！
我是你们的科普讲解员
海豚科力
欢迎和我一起领略2024年
巴黎奥运会
的精彩！

2024 年巴黎奥运会将于 2024 年 7 月 26 日开幕，8 月 11 日闭幕。部分比赛将提前 2 天，也就是在 7 月 24 日开赛。

本届奥运会的口号是"OUVRONS GRAND LES JEUX"，译为中文是"奥运更开放"。它源自一句法文俗语"OUVRONS GRAND LES YEUX"，译为中文是"大开眼界"。而无论是场馆配置，还是比赛设置，本届奥运会都全方位展示了其开放的态度，让人大开眼界。

场 馆 配 置

本届奥运会的场馆配置可谓绝无仅有。

开幕式首次被移出体育馆，将在巴黎这座城市的"动脉"——塞纳河举行，所有的城市风光都将成为这届开幕式视觉盛宴不可或缺的部分，各代表队运动员将乘船入场，现场观众将沿河观景，全球观众则可通过转播，全程领略巴黎这座城市的标志性建筑、设施。

一些原来在体育馆内举行的比赛也被移出体育馆，运动员们将在巴黎的著名地标进行精彩对决。例如，三人篮球、自由式小轮车、滑板和霹雳舞的比赛将在协和广场举行，沙滩排球比赛将在埃菲尔铁塔体育场举行，击剑和跆拳道的比赛将在巴黎大皇宫举行，马术比赛将在凡尔赛宫举行。

比 赛 设 置

本届奥运会在比赛设置上最能体现让"奥运更开放"的变化有两个，一是将女子运动员和男子运动员的数量调整为相等的，二是将在马拉松比赛的同日、同场地举行大众马拉松比赛。这两个变化在奥运会历史上都尚属首次，充分彰显了体育属于所有大众的精神。

你知道吗？

2024年巴黎奥运会成功举办后，法国巴黎将成为继英国伦敦后第2个3次举办夏季奥运会的城市。

1900年巴黎奥运会上，女性运动员首次亮相奥运会赛场。

相较于 2020 年东京奥运会，在本届奥运会上，我们迎来了"新朋友"霹雳舞，而要暂时告别"老朋友"棒球/垒球、空手道。其他一些"老朋友"也有了新的变化，让我们一起了解下吧。

2024年巴黎奥运会比赛项目变化

举重

级别设置调整，新的比赛项目如下。

男子：61 公斤级、73 公斤级、89 公斤级、102 公斤级、102 公斤以上级。

女子：49 公斤级、59 公斤级、71 公斤级、81 公斤级、81 公斤以上级。

田径

取消：男子 50 千米竞走。

新增：马拉松竞走男女混合接力。

帆船

男子：取消 RS:X 级帆板、芬兰人级单人艇（重量级）、470 级双人艇，新增水翼帆板 iQFoil 级、水翼风筝板。

女子：取消 RS:X 级帆板、470 级双人艇、新增水翼帆板 iQFoil 级、水翼风筝板。

混合：新增 470 级双人艇。

皮划艇静水

单人皮艇（K1）：取消男子 200 米、女子 200 米。

双人皮艇（K2）：取消男子 1000 米，新增男子 500 米。

双人划艇（C2）：取消男子 1000 米，新增男子 500 米。

皮划艇激流回旋

新增：极限皮划艇激流回旋
（男子／女子）。

射击

取消多向飞碟射击混合团体赛，新增双
向飞碟射击混合团体赛。

拳击

级别设置调整，新的比赛项目如下。

男子：51 公斤级、57 公斤级、63.5 公斤
级、71 公斤级、80 公斤级、92 公斤级、
92 公斤以上级。

女子：50 公斤级、54 公斤级、57 公斤级、
60 公斤级、66 公斤级、75 公斤级。

攀岩

三项全能赛（男子／女子，包括速度、难度和抱石攀岩）改为两项全能赛（男子／女子，包括难度和抱石攀岩）。

新增：速度攀岩（男子／女子）。

本届奥运会新增**霹雳舞**项目，设置个人赛（男子／女子）。

你知道吗？

2024年巴黎奥运会上，男子运动员首次被允许参加奥运会花样游泳比赛。届时，每队最多可派2名男子运动员参加花样游泳团体项目比赛。

还有一些比赛项目发生了赛制变化，等你探索！

Breaking

霹雳舞

霹雳舞源自20世纪70年代的纽约市布朗克斯区。当时，那里的一些年轻人在街头进行舞蹈对抗。随后，霹雳舞大量吸收源于巴西战舞、体操、中国武术等不同艺术和体育形式的元素、动作，发展成为融合了舞蹈、运动和音乐元素的体育舞蹈项目，以高难度技巧动作、极具风格的脚步等为显著特点。霹雳舞国际比赛自20世纪90年代起在世界各地举行，使得这种舞蹈形式逐渐普及。2020年，国际奥林匹克委员会确认霹雳舞成为2024年巴黎奥运会正式比赛项目。

关于我们的"新朋友"霹雳舞，你有多少了解呢？随我看一下它的独特"玩法"吧！

比赛规则

· 在一场比赛中，2位运动员分为红方和蓝方，进行至少1轮的一对一斗舞（battle）。

· 在一轮斗舞中，红方和蓝方运动员使用同一段音乐依次表演；每位裁判对两位运动员的表演进行打分，给某位运动员打更高的分意味着将自己该轮的1票投给该位运动员；获得票数更多的运动员赢得该轮斗舞。

· 赢得更多轮数的运动员获得该场比赛的胜利。

* 在一轮斗舞中，每位运动员的表演时间最长为60秒，一旦超时，主持人会叫停表演，但运动员不会因为表演时间未达到或超过60秒而受到处罚。

* 裁判通过在世界体育舞蹈联合会的A级评分系统中移动分值滑块来对两位运动员进行打分。在最开始，各个维度的分值滑块位于中央，此时两位运动员在该维度上的得分相等。

* 在比赛中出现不当行为的运动员会被扣分、警告，甚至取消资格。

评分维度

· 表现力（Technique）：得分更高的运动员展现了他们更强的身体控制力和对与所选动作相关的生物力学更好的理解。

· 技巧性（Vocabulary）：得分更高的运动员技术动作更多样，覆盖范围更广，这说明运动员已经掌握了更丰富的技术动作。

· 完成度（Execution）：得分更高的运动员能更清晰、利落、完整地展现每一个技术动作，并更少地发生滑倒、碰撞等意外。

· **音乐性（Musicality）**：得分更高的运动员能更快速地对音乐做出回应，动作与音乐节奏、内容的适配度更高，并能在音乐播放至重要节奏时准确卡点，做出令人惊叹的高难动作。

· **原创性（Originality）**：得分更高的运动员能够在展示自己独特动作组合的基础上，对基本的技术动作进行创造性的改造，同时还能自发地以展现自己独特动作风格的方式，利用音乐中的特色节奏或从滑倒、碰撞等意外中恢复。

技 术 动 作

· 摇滚步（TopRock）

所有动作均在站立状态下进行。运动员做该类型的技术动作表示其准备到地板上去。大多数运动员的独舞都是从该类型的技术动作开始的。最初，该类型的技术动作是让其他人让开场地的信号。

· 脚步动作 / 腿部动作（Footwork/Legwork）

该术语用来指代运动员在地板上跳霹雳舞时的复杂步伐以及踢腿、摆腿和扫腿动作，而不是哪个具体的技巧。运动员用脚部和腿部进行的任何极具风格的动作组合都可以被称为脚部动作 / 腿部动作，它们最能反映霹雳舞的特点。

· 空中定格（Freeze）

该术语指运动员流畅动作中间突然的定格姿势，通常出现在音乐播放至重要的节拍时。做该类型的动作时，运动员通常手部、肘部或头部支撑，身体其他部位离开地板，因此，运动员需要具备良好的力量、平衡性和柔韧性。

· 整体移动（PowerMove）

该术语指一系列极具动感动作的复杂组合。运动员做这个类型的动作时，通常会设定一个支点，转动整个身体，脚很少接触地面。有时，运动员还会在还会该类型动作中融入空中定格动作。

2024 年巴黎奥运会赛程

女子个人赛决赛（当地时间）：
8 月 9 日 20:00-22:00

男子个人赛决赛（当地时间）：
8 月 10 日 20:00-22:00

你知道吗？

霹雳舞的很多动作都贴近地板完成，因此也被称为地板舞。

本届奥运会的首金，将在首个正式比赛日，也就是 7 月 27 日的射击或跳水赛场上产生，具体比赛是 10 米气步枪混合团体赛或女子双人 3 米跳板。在这两项比赛中，中国运动员都具备夺金优势！

10米气步枪混合团体赛

当地时间： 7 月 27 日 10:30-11.50

10 米气步枪混合团体赛是上届奥运会，也就是 2020 年东京奥运会的新增项目。在上届奥运会上，杨倩／杨晧然在该项比赛中夺冠，为中国代表队拿下第 9 金。

女子双人 3 米跳板是中国代表队的绝对优势项目。在上届奥运会上，施廷懋/王涵在女子双人 3 米跳板比赛中摘金，为中国代表队拿下第 4 金。

当地时间：7 月 27 日 11:00-12:00

你知道吗？

中国代表队若在本届奥运会上夺得女子双人 3 米跳板比赛金牌，将实现六连冠。

注意！在本届奥运会期间，巴黎实行夏令时，北京时间比巴黎时间早 6 个小时。

2024年巴黎奥运会各个项目的比赛日和奖牌日

体育运动项目	7.24	7.25	7.26	7.27	7.28	7.29	7.30	7.31	8.1	8.2	8.3	8.4	8.5	8.6	8.7	8.8	8.9	8.10	8.11
举重															★	★	★	★	★
田径									★	★	★	★	★	★	★	★	★	★	★
足球	●	●		●	●	●	●	●					●	●		★	★	★	
篮球				●	●	●	●	●	●	●	●	●	●	●	●	●	●	★	★
三人篮球									●	●	●	●	★						

体育运动项目	排球	沙滩排球	乒乓球	羽毛球	网球	高尔夫	手球	曲棍球	橄榄球	游泳
8.11	★						★			
8.10	★	★	★			★	★			
8.9	★	★	★			●	●	★		
8.8	●	●	●			●	●	★		
8.7	●	●	●			●	●	●		
8.6	●	●	●				●	●		
8.5	●	●	●	★				●		
8.4	●	●	★	★	★	★	●	●		★
8.3	●	●	★	★	★	●	●	●		★
8.2	●	●	●	★	★	●	●	●		★
8.1	●	●	●	●	●	●	●	●		★
7.31	●	●	●	●	●		●	●		★
7.30	●	●	★	●	●		●	●	★	★
7.29	●	●	●	●	●		●	●	●	★
7.28	●	●	●	●	●		●	●	●	★
7.27	●	●	●	●	●		●	●	★	★
7.26										
7.25							●		●	
7.24									●	

体育运动项目 日程表

日期	公开水域游泳	花样游泳	跳水	水球	冲浪	帆船	赛艇	皮划艇静水	皮划艇激流回旋	射箭
8.11				★						
8.1		★	★	★				★		
8.9	★	•	★	•				★		
8.8	★		★	•		★		★		
8.7		★	•	•		★		•		
8.6		•	★	•		★		•		
8.5		•	•	•		•			★	
8.4				•	*	•			•	★
8.3				•	*	•	★		•	★
8.2			★	•	*	★	★			★
8.1				•	*	★	★	★		•
7.31			★	•	*	•	★	★	•	
7.30				•	★	•	•	•	•	
7.29			★	•	•	•	•		★	★
7.28				•	•	•	•		★	★
7.27			★	•	•		•		•	
7.26										
7.25										•
7.24										

体育运动项目	射击	击剑	马术	公路自行车	山地自行车	场地自行车	自由式小轮车	小轮车竞速	铁人三项	现代五项
8.11						★				★
8.10						★				★
8.9						★				●
8.8						★				●
8.7						★				
8.6			★			★				
8.5	★		●			★			★	
8.4	★	★	★	★						
8.3	★	★	★	★						
8.2	★	★	★					★		
8.1	★	★	●					●		
7.31	★	★	●				★		★	
7.30	★	★	●				●		★	
7.29	★	★	★		★					
7.28	★	★	●		★					
7.27	★	★	●	★						
7.26										
7.25										
7.24										

体育运动项目	7.24	7.25	7.26	7.27	7.28	7.29	7.30	7.31	8.1	8.2	8.3	8.4	8.5	8.6	8.7	8.8	8.9	8.10	8.11
竞技体操				●	●	★	★	★	★		★	★	★						
蹦床										★									
艺术体操																●	★	★	
拳击				●		●	●	●	●	●	●	●		★	★	★	★	★	
摔跤													●	★	★	★	★	★	★
柔道				★	★	★	★	★	★		★								
跆拳道															★	★	★	★	
滑板				★	★									●	★				
攀岩													●	★	★	★	★	★	
霹雳舞																	★	★	

● 比赛日　★ 奖牌日　★ 冲浪比赛将在 9 天内的 4 天进行，具体视天气情况而定

说明：比赛时间相关信息来自 2024 年巴黎奥运会运会官网（时效性截至 2024 年 3 月 4 日），正式比赛时间以实际为准。

触板 安装于泳道中央且水上部分与水下部分的比例为1∶2,表面颜色要鲜艳明亮,四周标有长2.5厘米的黑线。

倾斜度不得大于10度

台面不得小于0.5米×0.6米

高出水面0.5~0.75米

出发台 表面覆盖防滑材料,前沿与池壁在同一垂直线上。在自由泳、蛙泳、蝶泳和个人混合泳比赛中,运动员从出发台跳水出发。

仰泳转身标志线 提示仰泳运动员准备转身。该线距离水面1.8米。

5米

2米

15米

召回线 用于及时召回抢跑者。该线距离水面不低于1.2米。

分道线 分隔相邻泳道。比赛采用8泳道时,分道线为9条;比赛采用10泳道时,分道线为11条;以此类推。

道次编排 预赛以运动员以往正式比赛的成绩编排,半决赛和决赛分别以预赛和半决赛的成绩编排,编排方式为:第1名在第4泳道,第2名在第5泳道,第3名在第3泳道,第4名在第6泳道,以此类推。成绩越好,所用泳道越靠中间。成绩相同者通过抽签确定泳道。

50米

50米

泳道标志线 颜色为深色。

浮标 两端固定于池壁的挂钩上。

20~30厘米

直径为5~15厘米

水深不少于2米

25米

马拉松游泳

Marathon Swimming

马拉松游泳是不少于10千米的公开水域游泳项目,源自古代游泳,因为当时没有室内泳池,所有的游泳活动都是在户外进行的。马拉松游泳在1991年的水上运动世锦赛中成为正式比赛项目,规定必须在江、河、湖、海等自然水域中进行且参赛选手必须年满14周岁。2008年,马拉松游泳成为奥运会正式比赛项目。

距离 最初的比赛距离超过25千米,用时超过5小时。在2001年世锦赛上,比赛距离缩短为10千米。

典型犯规 出发抢码、靠其他选手或救生艇帮助加快游速、干扰其他运动员、比赛途中走动或跳跃、使用规定外的器具等。

取胜关键 有效利用比赛区域的风向、潮汐等自然条件,这要求运动员具备野外游泳的技能和掌握比赛区域的信息;在最后几千米仍有体力保持较高的冲刺速度,这要求运动员具备较好的耐力。

规则

- 当发令员发出"各就各位"的指令时,运动员应做好出发准备。当发令员认为所有运动员已做好准备时,给出出发信号。最先到达终点者为胜。
- 运动员自由选择泳姿,中途可站立,但不可行走、跳跃,也不得故意接触伴赛船。
- 运动员不得使用潜水服和增强浮力、耐力的设备,可以穿带袖泳衣和使用泳镜、泳帽、耳塞、鼻夹。运动员需将参赛号码用防水笔写在背部、手臂或手背处。允许运动员在身体上涂油或防冻霜。
- 运动员可在补给站进行营养补充。工作人员不得将食物扔给运动员,应通过补给杆或亲手递给运动员。

花样游泳
Artistic Swimming

花样游泳源自 19 世纪末的观赏性游泳和水上芭蕾戏剧表演，最早是游泳比赛期间的观赏性项目。1907年，安妮特·凯勒曼在美国纽约竞技场的玻璃水池中进行了相关表演。随后，该项运动不断发展：1920年加入跳水和体操的动作，1930年加入音乐和舞蹈。1984年，花样游泳成为奥运会正式比赛项目。

观赏点 运动员的妆容、服饰、动作与音乐完美配合，兼具舞蹈的美感和体育的力量，呈现出丰富而独特的艺术性，使观众在短时间内欣赏到一段精彩纷呈的艺术表演并产生共鸣。

黄雪辰/孙文雁 2016年，获得女子双人自由自选比赛的奥运会银牌，创造了历史。还曾获得2014年亚运会女子双人项目冠军、2015年世锦赛女子双人技术自选亚军、2019年世锦赛女子双人技术自选、自由自选亚军。

蒋文文/蒋婷婷 被誉为"中国花样游泳姐妹花"。曾获得2006年亚运会女子团体和双人项目冠军、2010年亚运会女子双人项目冠军，以及2012年奥运会女子团体项目亚军。

总分	192.9841
执行分 29.1000	艺术印象分 39.0667
难度分 29.2000	扣分 0.0

自由自选得分 97.3667
技术自选得分 95.6174

评分依据
- 执行分：动作完成质量、动作间的连贯性及动作与音乐的同步性等。
- 印象分：动作编排、难度及对音乐的诠释等。
- 必做动作分：必做动作的完成质量。
- 艺术印象分：动作编排及对音乐的诠释等。
- 难度分：动作难度。
- 扣分：超时等违规行为。

技术自选得分和自由自选得分之和为总成绩。
- 技术自选得分 = 执行分 + 印象分 + 必做动作分 − 扣分
- 自由自选得分 = 执行分 + 艺术印象分 + 难度分 − 扣分

至少 30 米

双人比赛中，出场队员为 2 名。团体比赛中，出场队员为 8 名。

水温为26摄氏度，允许有1摄氏度的温差。

至少 20 米

中间12米×12米区域水深至少 3 米，其他区域水深至少2.5米

至少 20 米

表演台 供运动员做岸上造型。

最小高度为0.5米，推荐高度为0.7米

水必须干净清澈，以让裁判和观众看清水中动作。

至少 4 米

请判断
场上运动员在进行团体项目的哪项比赛？

头饰和妆容 在自选动作比赛中，运动员会用明胶固定头发，戴漂亮的头饰，画防水妆，不能戴泳帽和泳镜。规定动作比赛要求佩戴白色泳帽和泳镜。

鼻夹 防止在倒立动作中水倒灌进鼻腔，引起呛水或不适。

目前在奥运会上，花样游泳所有项目只设立女子比赛。

花样游泳服 自选动作比赛要求运动员身着颜色艳丽、图案多样的泳衣。规定动作比赛要求运动员身着黑色专业泳衣。

奥运会设有**双人**和**团体**2个项目，每个项目都包括**技术自选**和**自由自选**比赛。

- **双人技术自选：** 在2分20秒（±15秒）内完成一套动作，包括5个必做动作和1个托举；两人动作应一致。
- **双人自由自选：** 在3分钟（±15秒）内完成一套动作。
- **团体技术自选：** 在2分50秒（±15秒）内完成一套动作，包括5个必做动作和2个托举；所有人动作应一致。
- **团体自由自选：** 在4分钟（±15秒）内完成一套动作。

算一算
场上运动员的数量是否正确？

跳水 **Diving**

古时西方墓穴的彩绘展现了人们头朝下跳水的场景。公元前 8 世纪，跳水成为古希腊军队的训练项目。在我国宋代，出现了名为"水鞦韆"的杂技表演。现代跳水源自 18 世纪。1904 年，跳水成为奥运会正式比赛项目。

观赏点 不容错过的精彩点：运动员在跳台比赛中稳定有力的起跳，在跳板比赛中节奏合理的走板和起跳，在跳台、跳板比赛中优美的空中动作和利落的入水姿势，在双人比赛中两人高度同步的动作。运动员的动作时间短且易出现失误，让人目不转睛。比赛悬念会持续到最后一跳，全程引人注目。

- 奥运会比赛要求完成 5 个（女子）或 6 个（男子）不重复的动作。其中，双人比赛的前 2 个动作要求难度系数为 2.0。
- 每个动作得分 = 有效裁判评分 × 难度系数。
- 难度系数由跳水项目（跳板或跳台）、高度、动作代码等综合确定。
- 裁判根据运动员的助跑、起跳和空中动作，入水水花大小，以及动作同步情况（双人比赛）打分，满分为 10 分。

伏明霞 职业生涯共获得 7 个个人世界冠军，是中国首位奥运板台双冠王。13 岁时，获得巴塞罗那奥运会女子 10 米跳台冠军，成为目前史上最年轻的跳水世界冠军。

郭晶晶 职业生涯共获得 24 个个人世界冠军，赢得 6 块奥运会奖牌（4 金 2 银），是世锦赛 5 连冠得主。13 岁时，在世界杯比赛中获得 3 个个人冠军。

总分	415.35
难度系数	3.0
裁判评分	28.5
得　分	85.5

10 米跳台

3 米

6 米

距水面 10 米

伸出池边沿至少 1.5 米

跳板最早时由雪松制成，现在多由弹性较大的航空铝制成，帮助运动员增加弹跳高度，从而有更多时间完成动作。表面覆盖防滑层，伸出跳台的长度可调节。

7.5 米跳台 距水面 7.5 米，长 6 米，宽 2 米，伸出池边沿至少 1.25 米。

3 米跳板 距水面 3 米，长 4.88 米，宽 0.5 米。

面对板向内跳水

5 米跳台 距水面 5 米，长 6 米，宽 2.9 米，伸出池边沿至少 1.25 米。

3 米跳台 距水面 3 米，长 5 米，宽 2 米，伸出池边沿至少 1.25 米。

翻腾两周半

屈体

跳台上方净空高度不小于 4 米；材质坚固无弹性，表面和前沿覆盖弹性防滑层，两侧设有栏杆，配有楼梯。

单人比赛中，出场队员为 1 名；双人比赛中，出场队员为 2 名。

1 米跳台 距水面 1 米，长 5 米，宽 2.9 米，伸出池边沿至少 0.75 米。

高水平运动员可以将入水水花压至很小。

请判断
场上运动员的跳水动作是什么？动作代码是什么？

跳水服 一件式的专业泳衣，由柔软贴身、回弹性较好的面料制成，高科技跳水服还有帮助快速排水、减少阻力的排水槽。

奥运会设有 **3 米跳板**、**双人 3 米跳板**、**10 米跳台** 和 **双人 10 米跳台** 4 个项目。

跳水动作代码

动作组别
- 1 为面对池向前跳水。
- 2 为面对板（台）向后跳水。
- 3 为面对池反身跳水。
- 4 为面对板（台）向内跳水。
- 5 为转体跳水。
- 6 为臂立跳水。

是否有飞身动作
- 1 为有。 • 0 为无。

跳水方向
- 1 为向前。 • 2 为向后。 • 3 为反身。

翻腾周数/转体周数
- 1 为半周，2 为一周，3 为一周半，以此类推。
注意：超过四周半的周数用两位数指代，则动作代码前面的数字多 1 位。

空中姿势
- A 为直体。 • B 为屈体。
- C 为抱膝。 • D 为任意姿势。
注意：任意姿势指双腿并拢紧脚尖的直体、屈体或抱膝姿势。

1～4 组别：3 位数＋英文字母。 • 动作组别/是否有飞身动作/翻腾周数＋空中姿势。
★ 例：113B 表示向前飞身翻腾一周半屈体。

5 组别：4 位数＋英文字母。 • 动作组别/跳水方向/翻腾周数/转体周数＋空中姿势。
★ 例：5235D 表示向后翻腾一周半转体两周半任意姿势。

6 组别：3 位数（4 位数）＋英文字母。
• 动作组别/跳水方向/翻腾周数（/转体周数）＋空中姿势。
★ 例：616C 表示臂立向前翻腾三周抱膝。

Water Polo

水球

19世纪60年代，英国流行在水中追捕鸭子并扔掷足球的游戏。该游戏被称为水上足球，随后发展为在湖泊、河流和海洋中进行的比赛项目。1877年，该项目的竞赛规则正式颁布，其被正式命名为水球。1900年，水球成为奥运会正式比赛项目。

观赏点 水球同时兼备了游泳、手球、足球、橄榄球的特点，运动员在高强度的对抗、快节奏的比赛和默契的配合中展现出精湛的技术水平和绝佳的体能水平。整个过程都在水中进行也大大增加了比赛的激烈程度。

白方	6
蓝方	7
4：41	第4节

比赛由4节组成，每节8分钟。第1、2节之间和第3、4节之间休息2分钟，第2、3节之间休息5分钟。比赛双方在常规时间内打平则进入上、下半场各3分钟的加时赛。仍旧打平则进行"突然死亡"加时赛，即首先进球的一方获胜，无时间限制。

中国国家女子水球队 2010年、2014年和2018年，获得亚运会冠军。2013年，获得世界水球联赛冠军，为中国赢得首个水球世界冠军，创造了历史。

进攻时限为30秒。

端线 由白色浮标组成，越线为出界。

一方出场队员为7名，替补队员为4名，换人次数无限制。

角球 当球最后触碰守方队员且球越过端线时，由攻方队员在离出界处较近的2米标记处开角球。开角球时，除守门员外的其他运动员应在2米线处。开角球的攻方队员可直接射门。

除守门员外的其他队员不可双手持球，也不可用拳头击球。

开球 每节比赛开始时，双方队员从己方端线出发，争夺中线中点处的球。

发球器 固定水球的特制浮标，位于中线的中点处。开球时，浮标缩回，水球漂浮于水面。

球门线 球完全越过该线才为进球。

边线 由彩色浮标组成，越线为出界。

6米线

5米线

中线

守门员可以双手持球和用身体任何部位触球。

3米

0.9米

20米

1.08米

25米

2米线

罚球 攻方队员在可能的进球被破坏时获得罚球机会。罚球在5米线上进行，其余运动员应位于5米线后且距离罚球队员2米以上。

球门 挂有球网，由守门员把守，将球掷入对方球门1次可得1分。

处罚区

比赛过程中，球员双脚不得触碰池底，因此他们一直处于游动或原地踩水状态。

水球帽 双方守门员均佩戴红色水球帽，其他队员分别佩戴蓝色和白色水球帽。帽子上配有软性护耳器，两侧标有10厘米高的号码，其中守门员为1号，其他队员为2~11号。

水球 男子比赛用水球的周长为68~71厘米，女子比赛用水球的周长为65~67厘米。水球重400~450克，外壳由皮革或橡胶制成，表面布满均匀凹槽，便于单手抓握。

水球服 女子水球服为一体式专业泳衣，有单独的内衬。男子水球服为特制的水球裤，下方有一条出水缝。

典型犯规

• 普通犯规：在对方队员扑抢时将球放在水下、阻止对方非持球队员前进、猛力推开对方队员等，出现此类犯规时，对方队员获得任意球机会。

• 严重犯规：踢打对方队员、故意向对方队员拨水、故意拉扯或按沉对方非持球队员、不尊重裁判等，出现此类犯规时，对方队员获得点球或任意球机会，犯规运动员可能被判暂时离场或失去比赛资格。

算一算

距离本节结束，还有多长时间？

冲浪 Surfing

冲浪源自波利尼西亚人利用板子在海上穿梭的古老活动。该活动被航行至当地的船员记录，传至欧美国家。使冲浪逐渐普及并在全世界流行的人则是被称为"现代冲浪之父"的奥运会游泳冠军——美国夏威夷人杜克·卡哈纳莫库，他曾在奥运会领奖台上表达了希望冲浪成为奥运会比赛项目的愿望。2016年，国际奥林匹克委员会确认冲浪成为2020年东京奥运会的正式比赛项目。

观赏点 运动员在翻滚的海浪中做出的各种惊险、潇洒的花式动作，以及搏击风浪、自由驰骋的姿态，充分展现了他们高水平的力量与技术，同时也展现了他们勇于追求自由、挑战自然的风采。

大海中的浪均不相同，抢占潜力更大的浪是获胜的关键要素之一。

运动员可以冲10~15道浪，具体由赛事总监咨询裁判长后决定。裁判根据运动员的抓浪情况、冲浪动作的难度和创新性等进行打分，得分最高的两次冲浪的总分为最终成绩。

比赛时间通常为15~30分钟，具体由赛事总监咨询裁判长后决定。

最靠近浪尖的运动员有这一道浪的优先权，此时其他人需停下来等待下一个浪，否则会被判抢浪犯规。

比赛场地通常为有风浪的海滨区域，海浪高度最低为50厘米（例外：决赛时，由赛事总监和裁判长根据当日情况而定）。

冲浪不仅是一项极限运动，还创造过许多令人惊讶的奇迹。例如，1986年，法国冲浪高手庇隆和皮夏凡从非洲西部的塞内加尔出发，使用冲浪板横渡大西洋，到达法属瓜德罗普省，耗时24天12小时。

请判断

冲浪板的舵像什么动物的哪个部位？

冲浪服 具有排湿速干、防紫外线和适度保暖的功能。最好选择鲜艳的颜色，便于在遇到意外情况时及时被他人发现。在较寒冷的海域，冲浪者还会穿着由较厚的橡胶制成的防寒衣。

长板 长约2.7米，圆形板头，板身较宽，只有1个舵，速度慢且浮力大，大小浪均适用。

蜡 涂抹于冲浪板上，以增强摩擦力，提高站立稳定性。

短板 长约1.8米，尖细板头，板身较窄，有3~5个舵，速度快且浮力小，转向灵活但稳定性较差，更适合高阶玩家。目前奥运会中只有短板项目。

脚绳 帮助冲浪者在落水后快速找到冲浪板的配件。

舵 用于控制冲浪板的方向，有固定式和可拆卸式两种。不同类型的冲浪板配有不同数量的舵。

高阶冲浪动作

- **管浪穿越（Tube Ride）**
  冲浪中最具挑战性的动作之一，冲浪者以极高的速度在浪中穿越。正确的起乘是关键，位置太高或太低都会导致失败。

- **腾空踏浪（Aerial）**
  冲浪中最具创新性的动作之一，冲浪者在浪上腾空跃起，进行飞行和翻转。利用高速转向来获得腾空的动力是关键。

★ 在进行冲浪运动时，如果遇到身体不适、水母蜇咬等突发情况，应尽快回到岸上就医。一旦遇到离岸海流，切勿惊慌，更不要丢掉脚绳和冲浪板试图游回岸边，应趴伏在冲浪板上等待救援。

29

帆船

Sailing

古时帆船是水上交通工具。现代帆船则源自荷兰。1662年，荷兰与英国举办了世界上首场大规模帆船比赛。1896年，首届奥运会便设有帆船比赛，但因天气状况而取消。1900年，帆船再次进入奥运会，成为正式比赛项目。

观赏点 运动员在比赛中同时与对手和大自然较量，竞争非常激烈，需要具备高水平的体能和技术。他们通过技术动作控制帆船的风向角，改变航行速度和方向；随时观察风向和洋流，及时做出改变。航行中运动员矫健的身姿和高速航行的帆船均为重要看点。此外，赛场内优美风景也给观众带去别样的体验。

排名第一
总积分 **35分**

- 所有项目均进行多轮比赛，所有轮比赛积分之和最少者为胜。
- 奖牌轮积分为到达终点线名次的2倍，其他轮积分为到达终点线名次。

徐莉佳 2006年，获得女子激光雷迪尔级比赛的世锦赛冠军。2012年，获得女子激光雷迪尔级比赛的奥运会冠军，为中国赢得首枚帆船奥运会金牌。

上一轮比赛后，积分排在前3位的运动员分别身着黄色、蓝色和红色背心，船上贴有相应名次和颜色的数字标。

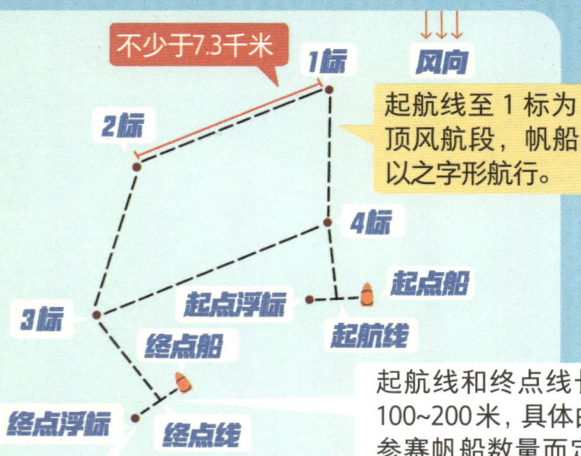

不少于7.3千米

风向

1标

起航线至1标为顶风航段，帆船以之字形航行。

2标

4标

3标

起点浮标
起点船
起航线

终点船

终点浮标
终点线

起航线和终点线长100~200米，具体由参赛帆船数量而定。

外航线 起航线-1-2-3-2-3-终点线
内航线 起航线-1-4-1-2-3-终点线
奖牌轮L航线 起航线-1-4-1-终点线
裁判根据浮标间距离和风力大小决定绕行圈数。
注意：数字表示绕过相应序号的浮标。

比赛时，会根据风向、水流等情况调整浮标位置。

比赛用激光级和激光雷迪尔级单人艇：长4.23米，宽1.37米，重59千克。
比赛用芬兰人级单人艇：长4.5米，宽1.51米，重145千克。
比赛用470级双人艇长4.7米，宽1.68米，重115千克。
比赛用49人级和49人FX级快速艇：长4.99米，宽2.9米，重125千克。
比赛用Nacra17公开级多体船：长5.25米，宽2.59米，重135千克。
比赛用帆板：长2.86米，宽0.93米，重15.5千克。

帆船 由船体、船帆、桅杆、方向舵等组成。

帆板 由板体、桅杆、船帆和帆杆组成，无方向舵和座舱等。

运动员可根据个人喜好穿戴手套、救生衣、遮阳帽、遮阳镜等。

男子比赛：RS:X级帆板、激光级单人艇、芬兰人级单人艇（重量级）、470级双人艇、49人级快速艇。
女子比赛：RS:X级帆板、激光雷迪尔级单人艇、470级双人艇、49人FX级快速艇。
混合比赛：Nacra 17公开级多体船。

- 比赛中信息交流使用视觉信号（国际航海通用代码旗）和听觉信号（喇叭声等），以视觉信号为主。

P旗：准备信号旗。升起表示还有4分钟起航。落下表示还有1分钟起航。

X旗：召回信号旗。升起表示召回违反起航规则的帆船。

C旗：更改航线信号旗。升起表示下一个浮标位置改变。

航海服 高弹、速干的长袖上衣和长裤，有助于保持身体的灵活和干爽，使运动员更好地参与比赛。外侧背心标有身份信息。

航海鞋 鞋底采用摩擦力大的材质和设计，有的还带有排水孔。鞋面柔软、速干，贴合脚部。

★ 风向角：风向和帆船首尾连线间的夹角；该角为0~30度时为顶风，30~60度时为前迎风，60~80度时为后迎风，80~100度时为横风，100~170度时为顺风，170~180度时为尾风。

Rowing

赛艇

赛艇源自17世纪的英国，雏形为泰晤士河上的船工闲暇时进行的划船比赛。1715年，首届正式的赛艇比赛举办。1892年，国际赛艇联合会成立并举办了首届欧锦赛。1896年，首届奥运会便设有赛艇比赛项目，但因天气状况而取消。1900年，赛艇再次进入奥运会，成为正式比赛项目。

中国国家女子赛艇队 2008年，获得女子四人双桨比赛的奥运会冠军，为中国赢得首枚赛艇奥运会金牌。2019年，获得女子四人双桨比赛的世界杯年度冠军和世锦赛冠军。

观赏点 在赛艇比赛中，观众可欣赏到运动员相互配合而整齐划一的划桨动作。不同队伍间你追我赶，比赛结果很可能会在最后时刻发生变化，全程扣人心弦。专业的观众还会观察桨叶在水下的摆动距离、划桨频率与航行速度的关系等。

本轮用时 6:16.06

用时少者为胜。

终点线后为长100米的缓冲区域。

两侧为5米宽的安全区域。

不得进入他人航道。

双桨比赛中，每个运动员双手各持1支桨。

2000米

1500米

1000米

500米

0米

起航器 凹形挡板。比赛开始前，船头抵在挡板凹陷处。起航信号发出，信号灯由红转绿，挡板下坠，赛艇起航。

水面和水下2米不得有障碍物。

运动员脚部固定，身体随着摇桨前后移动。

理想状态是运动员的动作整齐划一。

终点线

起航线

笔直的静水航道。

13.5米

水深至少2米

比赛开始前，扶船员在此控制船尾，使船保持正直。

起航线前为长22米的准备区域。

算一算

场上运动员共使用多少把桨？

比赛时，桨手背对终点线划桨。在八人单桨有舵手比赛中，舵手面对终点线，调控划桨节奏，控制航行方向。

八人单桨有舵手比赛对舵手的性别无要求，即男子比赛可以搭配女舵手，反之亦然。

单桨比赛中，每个运动员双手一起持1支桨。

奥运会男子、女子比赛均包含7个项目，使用不同的赛艇。

• 单人双桨比赛所用赛艇：长不超过6米，宽75厘米，深19厘米，重不小于14千克。

单人双桨

• 双人双桨、轻量级双人双桨、双人单桨无舵手比赛所用赛艇：长不超过7.5米，宽1米，深23厘米，重不小于27千克。

双人双桨

双人单桨

• 四人双桨、四人单桨无舵手比赛所用赛艇：长不超过10.7米，宽1.3米，深30厘米，前者重不小于52千克，后者重不小于50千克。

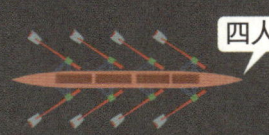
四人双桨

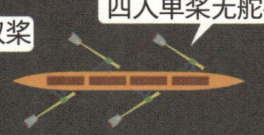
四人单桨无舵手

• 八人单桨有舵手比赛所用赛艇：重不小于96千克。

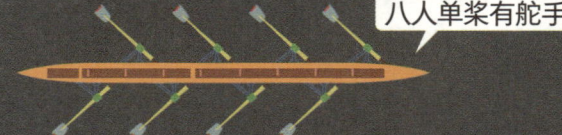
八人单桨有舵手

在一些比赛前，运动员需称重，以确保体重符合参赛要求。

• 轻量级双人双桨：男运动员体重不超过72.5千克，全队平均体重不超过70千克；女运动员体重不超过59千克，全队平均体重不超过57千克。

• 八人单桨有舵手：舵手体重不低于55千克；未达到该体重时，允许增加重不超过15千克的静物。

赛艇服 一般为连体样式，使用弹性材料，具有吸湿、速干的特点。桨手服需统一，舵手服可有所区别。

赛艇 艇身为梭子状，又细又长且两头尖。艇内设有可前后滑动的座板和船桨。

赛艇鞋 鞋面柔软、透气。鞋底平且薄，使运动员能精准觉到脚底的受力情况；配有螺丝钉，使运动员可以将脚固定在脚踏板上。

皮划艇 Canoe

皮划艇源自古老的独木舟和兽皮船，一直以来都是人类重要的生活工具。1865年，麦克格雷戈制作了一条皮艇并驾艇穿越多个国家，随后这项运动逐渐在欧洲流行。1924年，首个皮划艇国际组织（该组织于1946年更名为国际皮划艇联合会）在丹麦哥本哈根成立并出台皮划艇竞赛规则，之后皮划艇的船体样式、结构、材质等几经革新。1936年，皮划艇静水成为奥运会正式比赛项目。1992年，皮划艇激流回旋成为奥运会正式比赛项目。

观赏点 皮划艇静水比赛比拼速度，一场比赛中多只赛艇间的激烈比拼让观众热血沸腾。皮划艇激流回旋比赛同时考验运动员的技术和面对复杂环境时的斗争和努力，这种对抗精神能让观众产生很多的共鸣。专业观众还可以分析运动员的力量是否充沛、技术是否精湛和战术安排是否合理等。

孟关良/杨文军 2004年，获得男子双人划艇500米比赛的奥运会冠军，为中国赢得首枚皮划艇奥运会金牌、水上项目奥运会金牌。2008年，获得男子双人划艇500米比赛的奥运会冠军、世界杯匈牙利塞格德站冠军。

笔直的静水航道。

200米

500米

1000米

尾部标有赛道号码。

至少120米

9米

水面和水下2米不得有障碍物。

至少1400米

水深至少2米

请判断

皮划艇激流回旋比赛的顺水门和逆水门有何不同？

头盔 用于皮划艇激流回旋比赛，可保护头部。通常由硬质外壳和高密度泡沫组成，设有约10个用于通风、排水的孔洞。

桨 皮艇桨为双叶桨，根据桨叶偏转方向，可分为左转桨和右转桨。划艇桨为铲状的单叶桨，以中线为轴左右对称。

皮划艇服 上身通常为短袖上衣搭配运动背心，下身通常为运动短裤，均为速干材质。运动背心背后别有号码布。

防水裙 用于皮艇比赛，防止水进入船舱。通常为橡胶材质，穿戴于腰部。

皮划艇鞋 通常为轻便的涉水鞋。鞋底虽薄但硬度较高，能产生足够的抓地力。有的鞋的鞋底还设有用于通风、排水的孔洞。鞋面由高弹纤维布制成，贴合脚部且易于排水。

划艇 根据承载人数，可分为单人、双人和四人划艇，代号分别为C1、C2和C4。皮划艇静水：C1的长不超过5.2米，重不少于14千克；C2的长不超过6.5米，重不少于20千克；C4的长不超过9米，重不少于30千克。皮划艇激流回旋：C1的长不少于3.5米，宽不少于0.6米，重不少于9千克；C2的长不少于4.1米，宽不少于0.75米，重不少于15千克。

皮艇 根据承载人数，可分为单人、双人和四人皮艇，代号分别为K1、K2和K4。皮划艇静水：K1的长不超过5.2米，重不少于12千克；K2的长不超过6.5米，重不少于18千克；K4的长不超过11米，重不少于30千克。皮划艇激流回旋：K1的长不少于3.5米，宽不少于0.6米，重不少于9千克。

皮划艇激流回旋 运动员驾驶皮艇或划艇按要求依次通过各个水门，遗漏水门或以错误方向通过水门罚时50秒，赛艇、桨和身体触碰水门1次罚时2秒。达到终点的时间加罚时为最终用时，用时少者为胜。

皮划艇静水 运动员驾驶皮艇或划艇航行规定的距离，用时少者为胜。

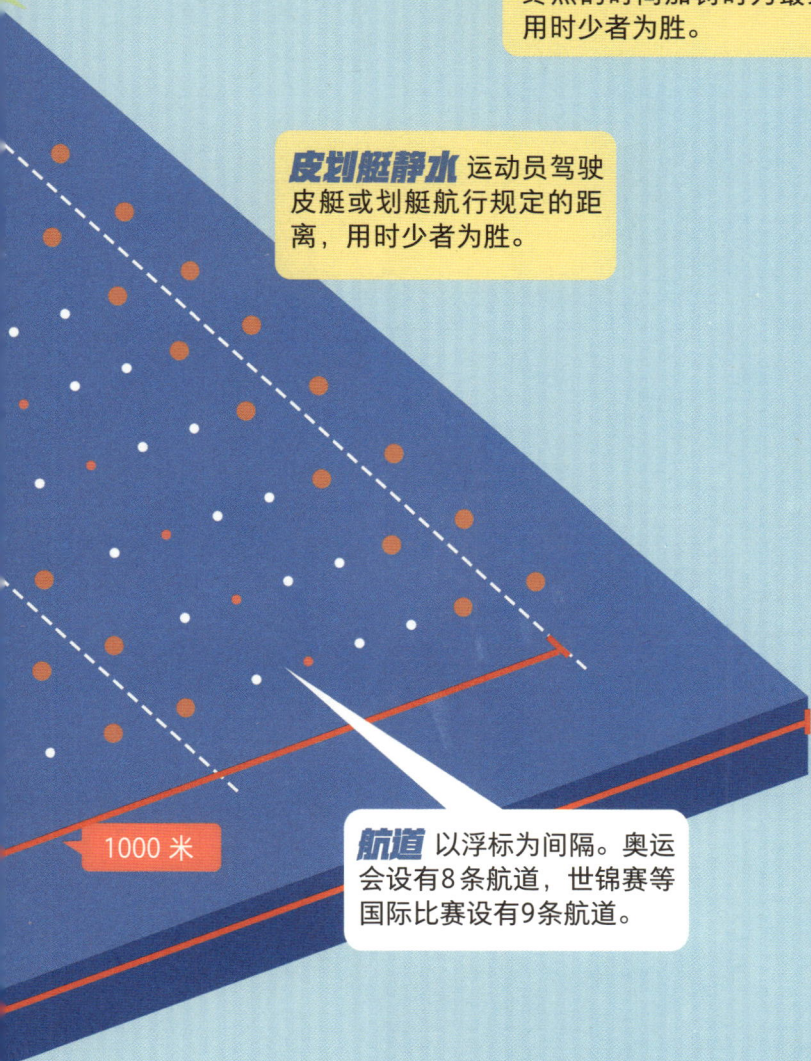

1000 米

航道 以浮标为间隔。奥运会设有8条航道，世锦赛等国际比赛设有9条航道。

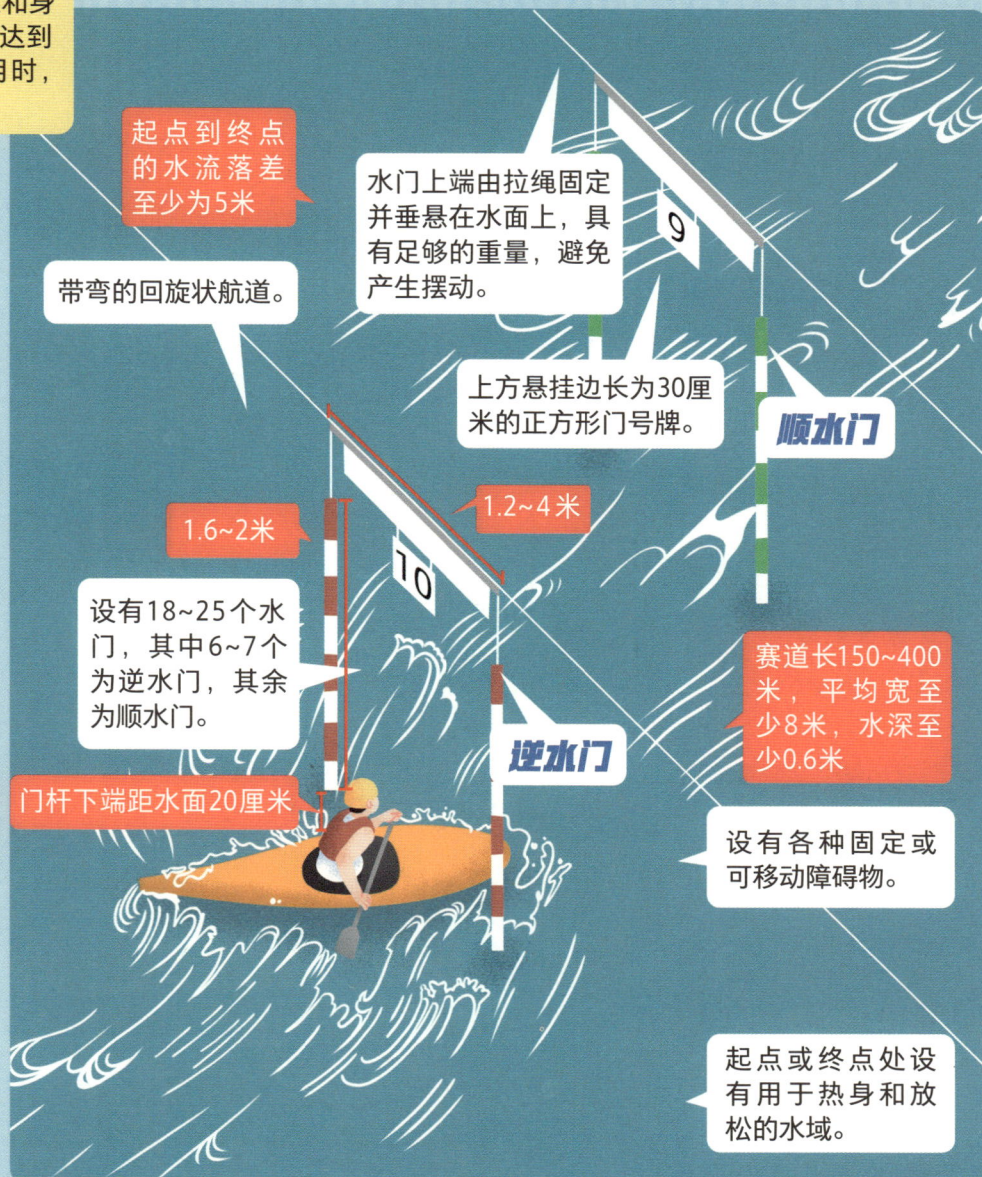

起点到终点的水流落差至少为5米

带弯的回旋状航道。

水门上端由拉绳固定并垂悬在水面上，具有足够的重量，避免产生摆动。

上方悬挂边长为30厘米的正方形门号牌。

顺水门

1.6~2米

1.2~4米

设有18~25个水门，其中6~7个为逆水门，其余为顺水门。

门杆下端距水面20厘米

逆水门

赛道长150~400米，平均宽至少8米，水深至少0.6米

设有各种固定或可移动障碍物。

起点或终点处设有用于热身和放松的水域。

划艇

单叶桨

有船舵。

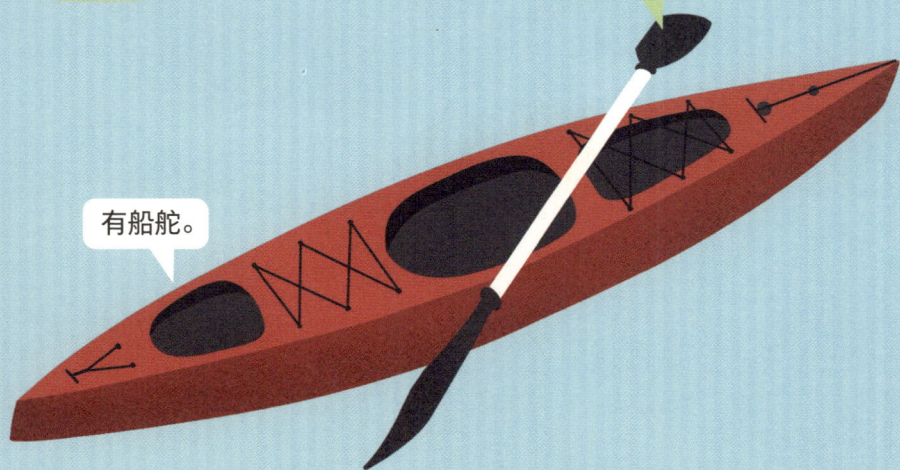

皮艇

无船舵。

双叶桨

奥运会比赛项目

皮划艇静水
单人皮艇（K1）200米（男子/女子）、500米（女子）、1000米（男子）
双人皮艇（K2）500米（女子）、1000米（男子）
四人皮艇（K4）500米（男子/女子）
单人划艇（C1）200米（女子）、1000米（男子）
双人划艇（C2）500米（女子）、1000米（男子）

皮划艇激流回旋
皮艇（K1）（男子/女子）
划艇（C1）（男子/女子）

射箭

Archery

射箭源自古时的打猎和战争活动。1673年举行的方斯科顿银箭赛被视为现代射箭的开端。1787年，英国皇家射箭协会成立并于1844年举办首届全英射箭锦标赛。1879年，全美射箭协会成立并举办首届全美射箭比赛。1900年，射箭成为奥运会正式比赛项目。

	比分	环数
红方	2	20
蓝方	2	17

张娟娟 2001年，获得世锦赛团体冠军。2006年，获得世界杯总决赛个人冠军。2008年，获得奥运会个人冠军，为中国赢得首枚射箭奥运会金牌；同时获得奥运会团体亚军。

观赏点 射箭比赛是对运动员技术与心理的双重考验，他们在射出每支箭前，既要保持冷静以充分发挥实力，又要适度紧张以增强专注力。观众则凝神屏息，静待箭离弦时刻，亲眼见证运动员百步穿杨的精彩瞬间。

- 在排位赛中，以射中的总环数排名，确定淘汰赛阶段的对手：第1名对倒数第1名，第2名对倒数第2名，以此类推。
- 在淘汰赛中，两两对决，胜者晋级，败者淘汰，直至决出冠军。
- 个人赛共5局。在每一局，3支箭为1组，双方交替射箭，总环数高者赢得该局，得2分；总环数持平则双方各得1分。率先获得6分者为胜；若比分为5∶5，则进入附加赛，双方各射1支箭，环数高者为胜，环数持平则继续，直至决出胜负。
- 团体赛共4局。在每一局，6支箭为1组，一方3名队员轮流射出1支箭后换另一方，如此交替射箭，总环数高者赢得该局，得2分；总环数持平则双方各得1分。率先获得5分者为胜；若比分为4∶4，则进入附加赛，一方3名队员轮流射出1支箭后换另一方，环数高者为胜，环数持平则继续，直至决出胜负。

靶位区 淘汰赛阶段，两两对决，区域内有2个箭靶。排位赛阶段，区域内的箭靶较多。

挡板 阻挡脱靶的箭，防止造成误伤。

10环直径为12.2厘米

直径为122厘米

箭靶 标有1个圆和9个同心圆环。中心圆为10环，越向外环数越小，最外侧圆环为1环。

圆心距离地面130厘米

请判断

当前进行的是第几局比赛？

射箭区

起射线 射箭时，运动员双脚应分跨于起射线两侧或同时踏在起射线上。

个人赛中，一方出场队员为1名。团体赛中，一方出场队员为3名。

有的运动员在阳光刺眼的情况下还会佩戴射箭眼镜。

运动员用哪只手射箭，由他们的优势眼和优势手决定。

反曲弓 由弓臂、弓身、弓弦等组成。弓身上的瞄准器和稳定杆可提升射箭准确度和稳定性。

射箭服 通常为舒适、合身的长袖上衣和长裤。上衣肩背部标有运动员的姓名。

箭支 由箭头、箭杆、箭尾和箭羽组成。箭上标有运动员的姓名或便于区别的其他标记。

工具包 用于存放对弓箭进行临时微调的小工具。

箭装 用于存放一局中尚未射出的箭。

护具 以护手皮片、护臂和护胸为主，分别用于保护拉弦的手指、握弓的手臂和一侧的胸部。

射箭鞋 鞋底防滑，以防运动员射箭时脚部滑动。

射箭时限

- 在排位赛中，必须在4分钟内射完每组的6支箭。
- 在个人淘汰赛中，必须在2分钟内射完每组的3支箭，40秒内射完附加赛的1支箭。
- 在团体淘汰赛中，必须在2分钟内射完每组的6支箭，1分钟内射完附加赛的3支箭。

射击 Shooting

射击随着枪支的发明而出现。据记载，最早的射击比赛在 15 世纪的瑞士举行。到 19 世纪，枪支得到改良，射击比赛的发展更为迅速。1896年，首届奥运会便设有射击比赛项目。

观赏点 虽然射击比赛各个小项的技术要求各有不同，但是时间限制所产生的紧张感都会导致比赛结果产生极大的变化，观众在欣赏高速且刺激的比赛的同时，适当关注运动员的心理调节和战术安排，更能体会其中的乐趣。

许海峰 中国首位获得奥运会、世锦赛、亚运会、亚锦赛等多项重要赛事冠军的射击运动员。1984年，获得男子手枪 60 发慢射比赛的奥运会冠军，为中国赢得首枚奥运会金牌。

杜丽 2004年，获得女子10米气步枪比赛的奥运会冠军。2008年，获得女子50米步枪三姿比赛的冠军。曾多次获得世锦赛、世界杯等重要赛事的冠军。

步枪和手枪比赛场地 在除了 10 米气步（手）枪混合团体赛决赛之外的比赛中，总环数高者为胜。

电子靶 弹孔圆心距离靶心越近环数越高，最高为10.9环，最低为1环。击中环数可即时出现在运动员身前的报靶器上。

报靶器

电子靶与射击位距离由比赛项目而定，可能是 10 米、25 米和 50 米

飞碟比赛场地 双向飞碟比赛场地为扇形，内设8个射击位，两侧设有2台抛靶机，每次抛出1~2个碟靶。多向飞碟比赛场地为长方形，内设5个射击位，周围设有15台抛靶机，每次抛出1个碟靶。

击中碟靶数多者为胜。击中数相同则通过加赛决出胜负。

抛靶机每次抛出碟靶的角度和高度均不同

碟靶 以白色、黄色或橙色为主。直径为11厘米，厚25~26毫米，重105克，飞行距离高达75米，飞行高度为1.5~3米。

算一算 参加 10 米气步枪决赛的运动员最多射击几发子弹？

子弹 10 米比赛用子弹的口径为4.5毫米，25 和 50 米比赛用子弹的口径为5.6毫米。飞碟射击比赛用子弹通常为重不超过 24 克、装填270粒铅丸的霰弹。

枪支 比赛用枪包括步枪、手枪和猎枪3种。步枪分为小口径步枪和气步枪2种，口径分别为5.6毫米和4.5毫米。手枪分为小口径手枪和气手枪2种，口径分别为 5.6毫米和4.5毫米。猎枪口径不超过12毫米。

射击服 运动员应穿着符合国际射击联合会着装要求的服装。其中，步枪射击比赛对着装还有其他特殊要求，以帮助运动员抵御射击时的冲击力。

射击鞋 通常鞋底较硬，鞋面为皮质，帮助运动员在射击时保持稳定。

步枪射击

	预赛	决赛
50米步枪三姿（男子/女子）	以跪姿、站姿和卧姿各射击40发子弹	以跪姿、站姿和卧姿各射击15发子弹
10米气步枪（男子/女子）	以站姿射击60发子弹	阶段1：以站姿射击10发子弹 阶段2：以站姿射击14发子弹
10米气步枪混合团体赛	阶段1：以站姿射击30发子弹 阶段2：以站姿射击20发子弹	两队进行多轮比赛，率先得16分者为胜

手枪射击

	资格赛	决赛
25米手枪速射（男子）	以站姿单手射击60发子弹	
25米手枪（女子）	以站姿单手射击60发子弹	
10米气手枪（男子/女子）	以站姿射击60发子弹	阶段1：以站姿射击10发子弹 阶段2：以站姿射击14发子弹
10米气手枪混合团体赛	阶段1：以站姿射击30发子弹 阶段2：以站姿射击20发子弹	两队进行多轮比赛，率先得16分者为胜

飞碟射击

	预赛	决赛
多向飞碟射击（男子/女子）	射击125个箭靶	射击50个箭靶
双向飞碟射击（男子/女子）	射击150个箭靶	射击60个箭靶
多向飞碟射击混合团体赛	射击125个箭靶	射击25个碟靶

注意：
1. 混合团体赛的射击数量为单个运动员的。
2. 10米气步（手）枪混合团体赛决赛补充规则：在每一轮中，击中环数被转换为得分，总得分高的一方获胜，得2分；若双方总得分相同，则各得1分；16：16平后，每位运动员射击 1 发子弹，总得分高的一方获胜，若仍打平，则继续，直至分出胜负。

35

击剑

公元前 11 世纪，古希腊出现击剑课。中世纪时，击剑成为欧洲骑士的必修运动，各类击剑协会和学校开始兴起。1776 年，面罩的出现让击剑更安全、高雅。19 世纪初，击剑的用剑、技术和规则等得到优化。1896 年，首届奥运会便设有击剑比赛项目。

1：51 第3局
左侧方 15：13 右侧方

观赏点 运动员需要在较短时间内完成攻击、防御、反击等一系列或简单、或复杂的动作，击中与否往往发生在一刹那，需要观众睁大眼睛、聚精会神地观看才能不错过一丝一毫的精彩瞬间。

仲满 被称为"中国佐罗"。2008 年，获得男子佩剑个人赛的奥运会金牌，这是中国时隔 24 年再次获得的击剑金牌，使得这一在国内并不热门的项目开始被大众所熟知。

雷声 2012 年，获得男子花剑个人赛的奥运会金牌，这是中国首枚花剑奥运金牌。在亚运会、世界杯、世锦赛等赛事上获得多个个人赛奖牌和团体赛奖牌。

个人赛 花剑和重剑比赛共 3 局，佩剑比赛共 2 局，每局均为 3 分钟，每 2 局之间休息 1 分钟，率先累计得 15 分者胜或时间结束时累计得分较多者胜。若时间结束时，双方累计得分持平，则进行 1 分钟的加时赛，率先得 1 分者胜。注意：加时赛前先进行抽签，抽中优胜权者在加时赛无人得分的情况下获胜。佩剑比赛的独特规定：在第 1 局中，一方得 8 分则该局结束。

团体赛 一方的 3 名队员分别与对方的 3 名队员各比赛 1 局，共 9 局，每局 3 分钟。在每一局中，一方得 5 分则该局结束。率先累计得 45 分者胜或时间结束时累计得分较多者胜。若时间结束时，双方累计得分持平，则由最后一局的运动员进行 1 分钟的加时赛，规则同个人赛。注意：在前 3 局、中 3 局、后 3 局中，运动员不得重复上场。

个人赛中，一方出场队员为 1 名。团体赛中，一方出场队员为 3 名，替补队员为 1 名。

重剑 总重小于770克，总长不超过1.1米，剑身长不超过0.9米，护手盘直径不超过13.5厘米，深3~5.5厘米。

花剑 总重小于500克，总长不超过1.1米，剑身长不超过0.9米，护手盘直径为9.5~12厘米。

佩剑 总重小于500克，总长不超过1.05米，剑身长不超过0.88米，护手盘必须能通过长15厘米、宽14厘米、高15厘米的量规。

中心线

开始线 比赛开始时，运动员的起始位置。

剑道 用于实战的场地，由导电材料制成，一般为金属或金属网。

端线 剑道的界线，双脚越过即为出界。

电动裁判器 击中有效部位，有效色灯亮起；击中无效部位，白灯亮起。

警告线 警示运动员将进入剑道的最后2米。

延长区 避免出界运动员后退时从台上掉落的安全区域。

2米
3米
2米
25厘米
1.5米
1.5~2米
不超过 0.5 米

请判断

场上进行的是花剑比赛还是佩剑比赛？

金属衣 由金属或其他导电材料制成，覆盖所有有效部位，用于识别是否被剑击中，内有绝缘衬里。衣领至少高 3 厘米。花剑金属衣为无袖，佩剑金属衣为长袖。无重剑金属衣（在击剑比赛中，判断是否被剑击中的装置位于剑头）。

手套 套筒长至少为运动员前臂长的一半。花剑手套内部允许加入垫料。佩剑手套的手腕以上部分必须由导电材料制成。

剑 由剑身、手柄和金属护手盘组成。剑身由柔性钢制材料制成。手柄是运动员抓握的部分。金属护手盘用于保护运动员持剑的手。

面罩 包括金属网和护颈两部分。花剑面罩护颈的1.5~2厘米以下部分为有效部位，必须由导电材料制成。佩剑护颈完全由导电材料制成。重剑护颈无须使用导电材料。

击剑服 由足以抵抗剑头攻击的材料制成。表面非光滑，以防对手的剑头打滑。颜色为黑色以外的任意颜色，一般为白色。包括上衣、裤子和保护背心3部分。

击剑袜 上至膝盖下方，与长裤相接或被长裤遮盖。

击剑鞋 鞋底耐磨，防滑性较好，脚掌内侧和脚跟部使用加固材料。

- **花剑** 只能用剑尖攻击，有效部位为躯干。击中对手无效部位不得分，但要暂停比赛并恢复预备姿势。

- **重剑** 只能用剑尖攻击，有效部位为全身。

- **佩剑** 可用剑尖、剑刃和剑背攻击，方式有刺和劈2种，有效部位为腰部以上，但不包括持剑手。击中对手无效部位不得分，也无须暂停比赛。

优先权 在花剑和佩剑比赛中，先发起攻击的一方获得优先权，这时击中对手有效部位才能得分。若对手成功防御并发起攻击，则优先权转移。

马术
Equestrian

古时，各式各样的骑马、马车比赛在世界各地都很常见，现代马术则源自英国。1751年，最初的竞赛规则出台。1900年，马术成为奥运会正式比赛项目。

观赏点 马术比赛是目前奥运会中唯一一项人与动物共同完成的项目，要求运动员与马匹之间建立足够的默契和充分的信任，以进行密切的配合。观察运动员如何通过缰绳、马刺和各种动作与马匹交流并对马匹进行控制是欣赏马术比赛的最大乐趣。

场地障碍赛 运动员驾马匹在规定时间内依次以正确的方向跨越各种障碍物。发生碰落横杆、马匹拒跳、运动员落马等情况均会被扣罚相应的分数，甚至淘汰。扣分和用时最少者为胜。

需以栏杆或挡板对室内和室外场地进行封闭。

红白旗 指示跨越方向（跨越障碍时，白旗在左侧，红旗在右侧）。

场地内设有水沟、模拟石墙、三重障碍等多种类型的障碍。障碍物的最大高度为1.65米。

号码牌 指示跨越顺序。

便于运动员识别位置。A、C距长边10米，M、H、F、K距最近的短边6米，长边外侧的字母彼此相距12米。

室内场地面积最少为1200平方米，短边至少长25米；室外场地面积最少为4000平方米，短边至少长50米。

运动员进出赛场的通道。

2米

60米

30厘米

20米

盛装舞步 运动员驾马匹从A处开始比赛，之后在各个字母处做相应的指定动作。7名裁判进行打分，最高分为10分。7名裁判打分的均值乘以10即为最终得分。

平坦且尽可能水平的沙地。

三项赛 包括盛装舞步、越野赛和场地障碍赛，分3天依次进行。3项比赛成绩之和即为最终成绩。

参加比赛的马匹需持有国际马联签发的有效护照和认证卡。

马匹 只有健康且符合比赛年龄规定的马匹才可参赛。运输马匹时，必须采取一定的保护措施，避免马匹受伤或生病。马匹居住的马厩需符合安全舒适、通风性好、空间充足等规定。比赛期间，兽医需全程看护马匹，防止意外的发生。

越野赛 运动员在规定时间内驾马匹完成规定的路线。发生马匹逃避或转圈、运动员落马等情况均会被扣罚相应的分数。

由户外的湖水、沟道、栅栏、树篱、木桩和石墙等各种自然障碍组成，规定路线长5600~5800米。

头盔 由坚硬的外壳和用于减震的内衬构成，用于保护头部。运动员一旦上马就需佩戴头盔。

马术服 盛装舞步和场地障碍赛要求穿着黑色、深蓝色或规则允许的其他单色燕尾服。越野赛中要求穿着安全护甲。

马术裤 比赛要求穿着白色马术裤。马术裤通常为紧身样式，臀部和膝盖处使用加厚皮料。

马靴 运动员在比赛中通常穿着由牛皮制成的高筒马靴，以保护腿部且避免马术裤被弄脏。方形的靴跟和尖形的靴头便于运动员上马和下马。

马刺 固定于马靴上，有弯柄和直柄2种，用于向马匹传达指令。为了保护马匹，马刺头部必须光滑。可根据所参加的比赛和使用的马匹选择圆头马刺、方头马刺、威尔士马刺、滚轮马刺、滚轴马刺等。

奥运比赛项目	
个人赛	团体赛
盛装舞步	
场地障碍赛	
三项赛	

- 在比赛中，男、女运动员同场竞技。
- 在团体赛中，每队4名运动员，成绩较好的3名运动员的成绩之和为团队的最终成绩。

自行车

Cycling

自行车自发明以来就被用于比赛。据记载，最早的自行车比赛于1868年在法国举行。1892年，国际自行车协会成立。1893年，首届业余自行车世锦赛举行。1896年，首届奥运会便设有公路自行车、场地自行车比赛项目。山地自行车源自20世纪的美国：1974年，几位户外运动爱好者对自行车进行改造，使其更加适合自然环境中复杂的道路，还进行了塔马尔帕斯山之行，使该运动受到大众的关注。1996年，山地自行车成为奥运会正式比赛项目。小轮车也源自20世纪的美国：极限运动爱好者模仿越野摩托比赛对自行车进行改造，并设计出在空中翻转、腾挪的各种技巧，之后该运动迅速在世界范围内流行开来。2008年，小轮车竞速成为奥运会正式比赛项目。2017年，国际奥林匹克委员会确认自由式小轮车成为2020年东京奥运会正式比赛项目。

宫金杰/钟天使 2014年和2015年，分别获得场地自行车女子团体竞速赛的亚运会冠军和世锦赛冠军。2016年，获得场地自行车女子团体竞速赛的奥运会冠军，为中国赢得首枚自行车奥运会金牌。

公路自行车

公路自行车
重量较轻，车胎较窄，胎压较高，利于降低风阻并提高车速。比赛用车长不超过1.85米，宽不超过0.5米，重不小于6.8千克，车轮直径为55~70厘米。

自由式小轮车
车把可进行任何角度的旋转，车座、车把高度均可调整，以更好地满足运动员的需求。

山地自行车
主要特征为直把和宽胎，车胎具有较好的减震性，前后装有避震系统，有助于应对恶劣的骑行环境和提高骑行的舒适度。

竞速小轮车
比赛用车的车把宽不超过73.7厘米，高不超过30.5厘米。后轮刹车必须有效且为手动操作。允许使用互锁的脚踏板和变速系统。

场地自行车
车轮有全封闭、半封闭和纯辐式3种，车轮封闭能有效降低风阻。无刹车装置。比赛用车的长、宽、重量和车轮直径规格同公路自行车。

公路自行车

公路赛 同一队的多位运动员参赛，争夺个人金牌。一个队的运动员在起点线后排成一列纵队，所有运动员同时出发，率先到达终点者为胜。

个人计时赛 所有运动员以1~2分钟的间隔依次出发，以最少的时间到达终点者为胜。

趴伏式骑行姿势有助于降低风阻。

公路赛中，同队运动员轮流领骑，为队友减小风阻。领骑的运动员被称为破风手。

比赛在交通管制后的公路上进行，赛道包括斜坡、有起伏的路面等地形。

公路赛赛程 250~280千米（男子）或130~160千米（女子）。

个人计时赛赛程 40~50千米（男子）或20~30千米（女子）。

在赛道上，每隔5千米（上坡路段为1千米）需标有剩余距离，最后的500米、300米、200米、150米、100米、50米处均需设有标牌。

山地自行车

山地越野赛 同时出发，率先到达终点者为胜。

赛道长4~6千米

以森林路、岩石路、土路、上下坡路等有天然障碍的崎岖道路为主，柏油路、公路等道路总长不得超过赛程的15%。

头盔 由塑料外壳和泡沫里衬组成，保护头部。气孔有助于通风散热，后方旋钮用于调节松紧度，帽带用于固定头盔。短距离场地自行车比赛用头盔外形较圆，长距离的则为流线型。小轮车竞速比赛用头盔为覆盖头部和面部的全脸头盔，带有可上下翻动的面罩和至少10厘米长的遮阳边沿。

骑行镜 用于挡光、防晒、防风。镜片颜色各不相同，黄色适合阴天或夜间，黑色适合阳光强烈时，白色适合雾天。

骑行服 紧身且舒适，通常使用具有吸汗、速干、防晒等性能的面料。

骑行鞋 轻便且舒适。鞋底硬度较高并带有自锁装置，可将双脚固定于脚踏板上，避免脚滑并提高力的传递效率。

骑行手套 分为半指和全指2种款式，通常为吸汗、防滑材质。手掌部位加厚或垫有硅胶，减轻长时间骑行对腕关节的压力，避免摔倒时手掌磨破。

观赏点 公路自行车的公路赛赛程长，骑行时间长，同队运动员间的配合、运动员对多变路况的应对和沿途的风景是重要看点；个人计时赛的欣赏重点则在于运动员个人的体力和意志力的展现。场地自行车比赛的最大看点是高速的骑行和激烈的比拼，观众必须全神贯注才能不错过每一瞬的精彩。山地自行车比赛较危险，运动员应对各种障碍路段的全程都让人充满担心和期盼，他们在恶劣情况下不言放弃、勇往直前的精神值得敬佩。小轮车竞速赛十分激烈，领先的运动员如何通过战术保住领先位置，弯道的运动员如何在全速前进的同时避免碰撞，这些都是重要看点。在自由式小轮车比赛中，目不暇接的高难度动作让人无法移开目光，专业观众还可以从技术难度、创意风格、动作控制、着陆姿势等角度进行分析。

小轮车竞速

竞速赛 同时出发，率先到达终点者为胜。

赛道上有连续不断的起伏坡道、弯道和障碍物。

封闭式环形赛道，长300~400米

出发台与赛道落差至少为1.5米

自由式小轮车

公园赛 骑车在场地内完成各种高难度动作，裁判根据腾空的高度和动作的难度、完成度等进行评分。有2次时长为1分钟的展示机会，2次得分的均分最高者为胜。

场地长不小于25米，宽不小于15米，长和宽均不超过60米

设有多种障碍，包括四分之一弧面、飞台、人字坡等。

场地自行车

包括多个小项：个人竞速赛（争先赛）、团体竞速赛、凯琳赛、团体追逐赛、麦迪逊赛和全能赛。虽均为竞速项目，但排名依据各不相同。

快速骑行线 该线与测量线间是赛道上骑行效率最高的区域。

72厘米

4厘米

85厘米

蓝区 完赛运动员减速和放松的区域。

终点线

测量线 以该线测量赛道长度。

20厘米

安全区域 准备比赛的运动员、教练和裁判使用的区域。

椭圆形赛道，长250米或333.33米，宽7~9米

场地自行车

个人竞速赛（争先赛）：两两对决，骑行3圈（250米赛道）或2圈（333.33米赛道），率先到达终点者为胜。

团体竞速赛：每队3名（男子）或2名（女子）运动员，每圈结束时当圈领骑运动员离开赛道，最后剩下的1名运动员到达终点时用时最少的队伍获胜。

凯琳赛：率先到达终点者为胜；最开始在摩托车领骑员的领骑下骑行，距离终点600~700米时，领骑员离开赛道。

团体追逐赛：两两对决，每队4名运动员，4千米内本方第3名运动员追上对方第3名运动员或与其并排的队伍获胜，若未追上或并排，则完赛时用时少的队伍获胜。

麦迪逊赛：赛程为50千米（男子）或30千米（女子），由每队的2名运动员接力完成；采用计分赛的形式，最终得分最高的队伍获胜。

全能赛：包括捕捉赛、快速赛、淘汰赛和计分赛，运动员在各项比赛中所获积分之和最高者为胜。

- 捕捉赛：赛程为15千米（男子）或10千米（女子），所获积分由到达终点的顺序决定。

- 快速赛：赛程同捕捉赛，4圈后，每圈的第1名得1分，超越车群1圈得20分，落后车群1圈扣20分。

- 淘汰赛：每圈的最后一名被淘汰，直至剩下最后一名运动员，所获积分由淘汰的顺序决定。

- 计分赛：赛程为40千米（男子）或25千米（女子），每隔固定的圈数有1个冲刺点，到达冲刺点的前4名分别获得5分、3分、2分和1分，最后一个冲刺点积分翻倍；此外，超越车群1圈得20分，落后车群1圈扣20分。

算一算

在记分赛中，运动员到达倒数5个冲刺点的名次依次为第2名、第4名、第6名、第1名和第2名，则其在这几个冲刺点的总得分至少为多少？

铁人三项
Triathlon

20世纪70年代早期，铁人三项诞生于美国圣迭戈田径俱乐部。当时，它被用来代替在田径场上的训练。该运动随后逐渐在各个国家发展起来。1989年，国际铁人三项联盟成立，并举行了首届正式的铁人三项世锦赛。2000年，铁人三项成为奥运会正式比赛项目。

观赏点 铁人三项是一项长距离和长时间的比赛项目，强度很大，对运动员的体能和意志力均是很大的考验，他们如何分配体力、如何与对手拉开差距、如何与自然环境对抗等都是重要看点。观众虽无法亲眼看到每一段赛程，但可以近距离欣赏运动员的英姿，别有风味。

运动员依次进行游泳比赛、游泳至自行车的换项、自行车比赛、自行车至跑步的换项、跑步比赛，记录单项比赛用时和到达终点时的总用时（包括换项时间），总用时最短者为胜。

对泳姿无要求，运动员一般使用速度较快的自由泳。

游泳

赛道一般为水面宽阔的江河湖海等户外水域，起点和终点相同。

允许在游泳过程中踩水、漂浮或站于水底。

自行车故障等问题均由运动员自己解决且花费的时间计入总用时。

换项区 不同比赛之间设有换项区，供运动员更换装备。

自行车

赛道至少宽3米，必须平坦且无障碍物。

跑步

若在游泳、自行车和跑步比赛中犯规，必须在跑步赛道上的处罚区停留规定的时间。

只能在上车指示线后、下车指示线前的区域内骑行，不得在换项区内骑行。

赛道的最佳宽度为6米，必须平坦且无障碍物。

泳镜 用于游泳比赛，可保护眼睛。

太阳镜 用于自行车和跑步比赛，防止强风和强光刺激眼睛。

比赛服 以连体式服装为主，由轻薄贴身且吸汗速干的材料制成，适用于游泳、自行车和跑步这3项比赛，以节省换衣服的时间，还能减少游泳和骑行时的阻力。

自行车 用于自行车比赛，全长不超过1.85米，中轴距地面24~30厘米、距离前轴54~65厘米，车架上贴比赛号码。相较于普通的公路自行车，其车座重心前移、后轮更靠近车架、车轮轮圈更宽，以尽可能降低风阻。

头盔 用于自行车比赛，正面和两侧贴有比赛号码。

泳帽 用于游泳比赛，由赛事主办方提供，为专业的硅胶材质，具有统一的样式和颜色。

计时芯片 用于记录比赛用时。

骑行鞋 用于自行车比赛，具有自锁功能，可将脚牢牢固定在脚踏板上，避免打滑，有助于速度的提升。比赛允许骑行鞋始终锁定在脚踏板上。

跑鞋 用于跑步比赛，具有较好的稳定性、支撑性和缓震性，可有效保护踝关节和膝关节。

比赛项目
铁人三项比赛按距离由长到短可分为长距离赛、标准距离赛和短距离赛。奥运会比赛为标准距离赛（也被称为奥运距离赛），游泳、自行车和跑步比赛的距离分别为1500米、40千米和10千米。

混合接力比赛
每队有2名男运动员和2名女运动员，按女、男、女、男的顺序依次完成短距离赛：游泳、自行车和跑步比赛的距离分别为300米、8千米和2千米。总用时最少者为胜。

现代五项 Modern Pentathlon

19世纪，一位法国骑兵为了达成传信使命，骑马奔袭，游过河流，使用剑和手枪与敌人搏斗，长途奔跑。顾拜旦据此设计出现代五项比赛的雏形。1912年，现代五项成为奥运会正式比赛项目。

曹忠荣 2006年获得世界杯冠军。2012年，获得奥运会亚军，为中国赢得首枚现代五项奥运会奖牌。

正式比赛前1天，运动员进行击剑排位赛。正式比赛当天，运动员先依次进行游泳比赛、击剑附加赛、马术比赛。以上比赛的积分决定之后进行的射击和跑步结合比赛（由于使用激光手枪射击，该比赛也被称为激光跑比赛）的出发时间。在激光跑比赛中先到终点者为胜。

观赏点 现代五项的各个项目规则天差地别，对运动员身体和心理素质的要求也各不相同，这一多样性使得该运动极具观赏性，也使得比赛充满悬念。观众为运动员的每个精彩表现欢呼，也为他们的每个失利瞬间惋惜，并翘首企盼冠军的诞生。

游泳

在标准泳池进行200米自由泳比赛，完赛时间决定所获积分 [2分30秒对应250分，每增加（减少）0.5秒减少（增加）1分]。

障碍物 障碍物包括栏栅、横木、篱笆、石墙、平行双杠等。障碍的最大高度为1.2米，最大宽度为1.5米。

需越过12个障碍，进行15次跳跃。

运动员只有20分钟熟悉马匹。

马术

在边长至少为50米的草坪或沙土地骑陌生马匹进行场地障碍赛。若能在规定时间完赛且没有犯规，则可以获得300分，否则根据规则进行减分。

击剑

排位赛阶段，在标准剑道上进行时长为1分钟的重剑循环赛，比赛胜率决定所获积分（以70%对应250分的比例为基准）。附加赛阶段，在标准剑道上进行时长为30秒的重剑淘汰赛，每赢得1场比赛，排位赛所获积分加1分。

算一算

若运动员完成游泳比赛的时间为2分25秒，则其所获积分是多少？

完成800米跑后要尽快调整呼吸，准备射击。

激光跑

- 先进行射击，再进行800米跑，重复4次，共完成4组射击和3200米跑，率先完赛者为胜。
- 击剑、游泳和马术比赛的积分按1分对应1秒的比例换算为时间。以前3项比赛的排名依次出发，时间间隔为积分换算时间的差值。

比赛着装

在每项比赛中，运动员均需按要求着装，因此要准备分别适合击剑、游泳、马术及射击和跑步的4套比赛服。

使用激光手枪以单手射击的方式进行10米射击，在50秒内命中5次才能开始800米跑。

41

竞技体操

Artistic Gymnastics

"体操"一词源自古希腊，该运动当时被视为锻炼身体的一切活动，包括跑、跳、投掷、摔跤、舞蹈等，更接近现代"体育"一词的含义。现代体操源自18世纪的欧洲，当时，人们将体操与军事训练相结合。1896年，首届奥运会便设有体操比赛项目。

李宁 被誉为"体操王子"，中国首位进入国际体操名人堂的运动员。在第6届体操世界杯上获得6金1铜，在1984年的奥运会上获得3金2银1铜，是缔造了体操史传奇的全能选手。

程菲 中国首位女子跳马世界冠军，体操世锦赛女子跳马比赛3连冠获得者。作为中国国家女子体操队前队长，带领队员在2008年北京奥运会上获得女子体操团体赛金牌。

高低杠 女子比赛。运动员完成回旋、空翻和飞行等动作。

莫慧兰空翻 团身前空翻越杠再抓杠。

间距为1.3~1.8米

2.5米

2.4米

1.7米

2米

14米

李宁交叉 正交叉转体90度经单环起倒立落下成骑撑。

间距为40~45厘米

35厘米

12厘米

1.6米

1.15米

鞍马 男子比赛。运动员在鞍马以不同的支撑姿势完成全旋摆动、单腿摆动和移位转体动作，然后落地。动作之间不允许有停顿。

4米

4米

平衡木 女子比赛。运动员在90秒内完成空翻等技巧性动作和转身、跳跃等舞蹈动作。

陆莉跳 横木上一腿屈一腿直跳转90度成交叉站木。

长5米

表面宽10厘米

1.25米

18米

1米

2米

4米

7米

5米

2米

在国际体操联合会认可的比赛中首次成功完成的新动作会以完成该动作的运动员名字来命名。

一旦运动员从平衡木上掉下，如能在10秒内回到平衡木上，则可以继续比赛。而在其他不计时的器械比赛中，运动员从器械上掉下后，如能在30秒内回到器械上，则可以继续比赛。

体操服 由具有高弹性的材质制成，后背标注号码。
★男子体操服为背心式上衣，单杠、双杠、吊环和鞍马比赛要求穿着长裤、体操鞋或袜子，参加跳马和自由体操比赛可以穿着短裤并赤足。
★女子体操服为连身式半体服，这更有利于动作的完成。

护掌 在单杠、双杠、吊环等比赛中用于保护手掌，一般由皮革制成。

运动员上器械前会在手掌上涂碳酸镁粉，以增强手掌和器械间的摩擦力，防止手从器械上脱落。

比赛成绩 = 难度分（D分）+ 执行分（E分）- 扣分

• D分由D组裁判给出，由动作难度分、连接难度分和达到特定要求的附加分构成，无上限。其中，动作难度分由成套动作中最好的9个（男子）或7个（女子）动作和结束动作决定。

• E分由E组裁判给出，以10分为基础，根据动作完成度、艺术性等进行扣分。其中，小错扣0.1分，中错扣0.3分，大错扣0.5分，从器械上掉落扣1分。

• 若有超时、越过边线等违规行为，则会被扣分。

• 动作组别：A B C D E F G（跳马的动作组别以数字表示，如6.0）

• 动作分值：0.1 0.2 0.3 0.4 0.5 0.6 0.7

邹利敏空翻 向前大回环转体360度成单臂扭臂握前翻转体360度成反握。

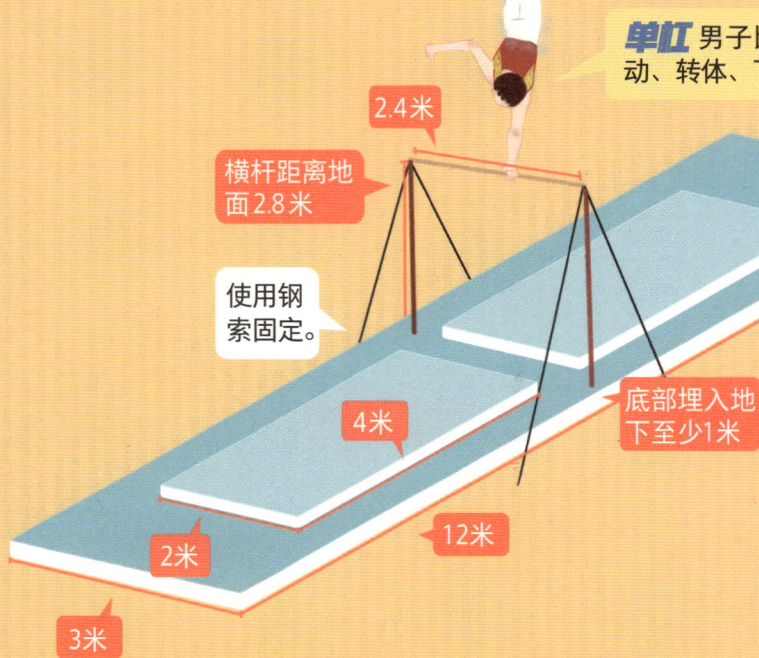

单杠 男子比赛。运动员完成摆动、转体、飞行和落地等动作。

2.4米

横杆距离地面2.8米

使用钢索固定。

底部埋入地下至少1米

4米

12米

2米

3米

李小鹏挂 挂臂前摆屈体后空翻两周成挂臂。

2米

间距为52厘米

2米

3.5米

间距为42厘米

5米

2米

48厘米

双杠 男子比赛。运动员完成摆动、支撑、悬垂、飞行和落地等动作。

2米

4.5米

11米

2米

1米

至少1.2米

间距为50厘米

使用钢索固定。

5.8米

3米

李宁正吊 支撑后翻经后悬垂前摆上成支撑。

自由体操 男子和女子比赛。运动员在70秒（男子）或90秒（女子）内完成转身、跳跃和空翻等动作。运动员在做动作时要充分利用场地的4个角；不可踩边线。女子比赛要求有音乐伴奏，因此除了强调动作的完成度外，还强调动作与音乐的配合度。

在个人赛中，出场队员为1名。在团体赛中，每队6名队员，每项比赛出场3名队员。

男子个人全能赛和团体赛的项目为自由体操、鞍马、吊环、跳马、双杠和单杠。
女子个人全能赛和团体赛的项目为自由体操、跳马、平衡木和高低杠。

吊环 男子比赛。运动员完成摆动、倒立、悬垂和力量静止等动作，其中，力量静止动作至少需保持2秒。整个过程中，环带不能摆动和交叉。

至少2.6米

使用钢索固定。

吴国年空翻 后跳转体180度直体前空翻一周半接前滚翻。

12米

14米

18米

下方装有弹簧或橡胶等弹性材料，使运动员跳得更高并在落地时有所缓冲。

5米

2米

程菲跳 踺子后手翻转体180度接直体前空翻转体540度。

1.2米

0.95米

跳马 男子和女子比赛。运动员助跑（距离最长为25米）后踩助跳板，跳起后手撑跳马，越过跳台后落地，在腾空过程中完成转体和空翻等动作。

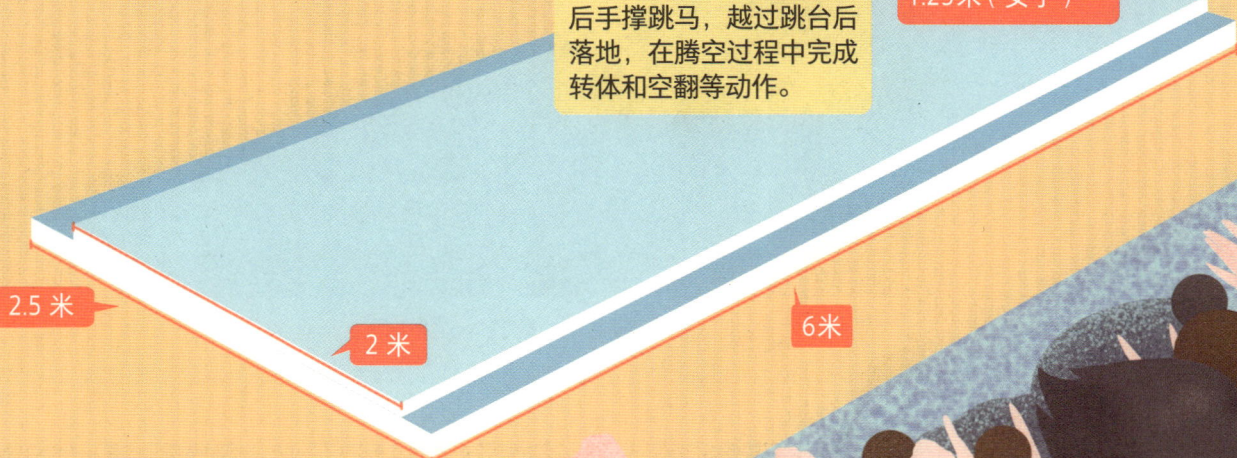

1.35米（男子）或1.25米（女子）

2.5米

2米

6米

Trampoline

蹦床

蹦床源自在空中安全网内弹跳的杂技表演。1934年，美国体操运动员乔治·尼桑根据这种杂技表演，利用帆布和橡胶轮胎制作蹦床，用于训练。之后，这种形式的运动风靡美国。1947年，首届蹦床比赛在美国举办。2000年，蹦床成为奥运会正式比赛项目。

观赏点 蹦床素有"空中芭蕾"之称，运动员在空中完成向前、向后的空翻、转体动作，优美的姿态、精湛的技术和准确的身体控制力给观众带来深刻印象。动作间通过双脚起跳、坐弹、背弹和腹弹连接，精彩纷呈，令人目不暇接。运动员腾起的高度和精准的落点也让人拍手称绝。

排名第一
得分 37.80

黄珊汕 中国蹦床的先驱者和代表人物。2004年，获得奥运会季军，为中国赢得首枚奥运会蹦床奖牌。2006年，获得世界杯德国站和瑞士站冠军。

何雯娜 被称为"蹦床公主"。2008年，获得奥运会冠军，为中国赢得首枚奥运会蹦床金牌。在2007年、2009年和2011年的蹦床世锦赛中，共获得3枚团体金牌、1枚个人金牌和2枚个人银牌。

直体姿势 身体呈一条直线，双腿、双脚并拢，在空中时脚尖绷直。

团身姿势 双手抱住屈曲的双膝，双腿、双脚并拢，脚尖绷直。

跳跃区 以红线标记，落在该区域可获得较好的弹跳力。

装有计算腾空时间和位移距离的传感器。

屈体姿势 双腿、双脚并拢，脚尖绷直，双手握住小腿。

短边外铺设较大的安全垫。

2.15 米
2.14 米
1.08 米
2.91 米
4.28 米
5.05 米
1.15 米

请判断

场上运动员的着装是否符合规范？

运动员必须连续完成一整套动作，中间不允许停顿。

蹦床服 男子上半身为无袖或短袖紧身衣，下半身为单色长裤或半裤。女子为连身式紧身半体服或全身服，有无衣袖均可，允许穿与体操服颜色相同的紧身长裤袜。

蹦床鞋和袜 男子的为白色或与长裤同色，女子的为白色。

蹦床下方安装112个弹簧。上空无障碍物，高度至少为10米。

安全区域 铺设安全垫。

长边外允许保护者手持保护垫进行防护。

奥运会目前只有网上个人赛。

比赛成绩 = D 分 + E 分 + T 分 + H 分 − 扣分
- D 分为难度分，由 D 组裁判根据动作难度评出，重复动作不计分。
- E 分为执行分，由 E 组裁判评出，以 20 分为基础，根据动作完成情况扣分。
- T 分为高度分，由腾空时间而定。
- H 分为位移分，以 10 分为基础，根据位移情况扣分。
- 违反热身规定、未在规定时间内开始做动作等会被扣分。

★ 在第一轮的资格赛中，运动员需要完成规定和自选 2 套动作。在第二轮的决赛中，运动员只需要完成 1 套自选动作。

★ 每套动作包含 10 个动作。在规定动作中，不允许出现重复动作，且计算其中 2 个动作的难度分。在自选动作中，重复动作不计难度分。

单跳是蹦床的另一个小项。比赛时，运动员在一条长 25 米、铺有厚地毯的木质窄跑道上完成由 8 个连续空翻组成的一套动作，这对其技术和体能均有很高要求。

艺术体操 Rhythmic Gymnastics

19世纪末，欧洲出现带有音乐伴奏的身体练习。随后，这种运动形式不断发展，从徒手到使用轻器械，形成艺术体操的雏形。1963年，首届艺术体操世锦赛举办。1976年，国际艺术体操评分规则正式颁布。1984年，艺术体操成为奥运会正式比赛项目。

观赏点 运动员凭借强大的专注力、协调力和控制力及精湛的技术，快速而熟练地使用各种轻器械，在整套动作中让器械与自己融为一体，让动作与音乐相互配合，体现了极高的艺术性和力量美，带给观众无与伦比的视觉盛宴。

红队	绳操	
难度分	执行分	总分
8.900	8.675	17.575

周小菁 被称为"中国艺术体操第一人"。为中国赢得首枚亚运会金牌，包揽女子个人全能和团体全能双冠军。获得首届亚锦赛女子个人全能、绳操、球操金牌。

邓森悦 多次刷新中国艺术体操纪录——首位连续2年在世锦赛女子个人全能赛中排名前五、在法国埃松杯邀请赛中获得奖牌、在世界杯分站获得奖牌的运动员。

上空8米内无障碍物

绳操 绳：长度因使用者身高而异。

铺有地毯，下设具有一定弹性的衬垫，使运动员跳得更高并在落地时有所缓冲。

13米

个人赛中，出场队员为1名。团体赛中，出场队员为5名。

13米

圈操 圈：重不低于300克，直径为80~90厘米。

棒操 棒：重不低于150克，长40~50厘米。棒头直径不大于3厘米。

带操 带：由棍和彩带构成，二者以尼龙绳或金属环相连。彩带宽4~6厘米，重量不小于35克，长度不小于6米。

球操 球：重不低于400克，直径为18~20厘米。

请判断

场上运动员展示的是什么比赛的哪套动作？

目前在奥运会上，艺术体操所有项目只设女子比赛。

体操服 一般为紧身式半体服，前领口不低于胸骨二分之一，后领口不低于肩胛骨下侧。无袖体操服必须使用宽肩带。

绷带 缠绕于手腕、脚踝等关节处，弹性较大，用于保护关节和肌肉。比赛时必须使用原色绷带。

体操鞋 一般为半脚式，只包裹脚的前部，脚跟裸露，从而在不影响脚部动作的前提下减少脚与地毯间的摩擦力。

5个项目 带操、绳操、球操、棒操、圈操。
- 个人全能赛：完成4套动作，每套使用1种器械。每套动作时间为1分15秒至1分30秒。4套动作得分为总成绩。
- 团体全能赛：完成2套动作，一套使用同1种器械，另一套使用2种器械。每套动作时间为2分15秒至2分30秒。2套动作得分为总成绩。

比赛成绩 = 难度分（D分）+ 执行分（E分）- 扣分
- D分由D组裁判给出，由身体难度分、器械难度分、舞步分和旋转分构成，无上限。
- E分由E组裁判给出，以10分为基础，根据动作完成度、艺术性等进行扣分。其中，小错扣0.05分或0.1分，中错扣0.2分，大错扣0.3分或更多。
- 若有超时等违规行为，则会被扣分。

拳击 Boxing

埃及、罗马和希腊都有与拳击相关的记载和遗迹。现代拳击源自英国。1743年，约翰·布劳顿起草了最初的拳击规则。1747年，他发明了拳击手套。1891年，修改后的拳击规则被世界公认。1904年，拳击成为奥运会正式比赛项目。

观赏点 在拳击比赛中，运动员进行你来我往的攻防较量，有的看似进攻猛烈却因疏于防范而被对手一击制胜，有的看似处于劣势却能抓住时机实现防守反击，因此比赛悬念会持续到最后一刻。不同运动员的个人风格和擅长技术均不同，每个回合都可能出现令人意想不到的局面和结果。

第1回合	评分裁判1	评分裁判2	评分裁判3	评分裁判4	评分裁判5
红方	10	10	10	10	10
蓝方	9	9	9	9	9

采用10分制，即评分裁判认为的胜者得10分，败者得7~9分。

邹市明 2008年，获得男子轻蝇量级比赛的奥运会冠军，为中国赢得首枚拳击奥运会金牌，并在2012年的奥运会上成功卫冕。转为职业拳手后，多次获得世界拳击组织男子蝇量级世界拳王金腰带。

比赛分为3个回合，每个回合的时长为3分钟，每2个回合之间休息1分钟。在每回合，5位评分裁判根据有效攻击次数、控制力、主动性、技战术水平和犯规情况进行评分，系统抽取其中3位评分裁判的评分为有效分。3个回合结束时，总得分高者为胜。若双方得分相同，则由台上裁判决定哪方获胜。但有2种特殊情况：一方被判为出局（KO），比赛即刻结束，另一方为胜；台上裁判终止比赛（RSC）。

出局（KO，Knock Out）
受到攻击而无法在10秒内继续比赛。注意，在奥运会中，只要是被攻击至无法继续比赛均会被判为KO，不一定是被击倒。

台上裁判终止比赛（RSC，Referee Stopped Contest）
台上裁判认为一方应当出局或受到严重攻击时，可终止比赛，判定另一方获胜。

中立角 供裁判和医务人员使用，其中一角设有登上擂台的台阶。角柱和相连围绳的一半均为白色。

蓝角 供蓝方运动员和助手使用，设有登上擂台的台阶。角柱和相连围绳的一半均为蓝色。

红角 供红方运动员和助手使用，设有登上擂台的台阶。角柱和相连围绳的一半均为红色。

1.3米
1米
0.7米
0.4米
6.1米
1米
7.8米

拳击台 台上覆盖柔韧、防滑且有弹性的材料，厚1.5~2厘米。

请判断
该回合场上的哪方获胜？双方各得几分？

比赛当日，运动员需进行体检和称重，以确保身体适合参赛且体重符合参赛要求。

头盔 具有较好的减震性，对额头、耳朵和下颌起到一定的保护作用。目前在奥运会中，男子比赛已不再使用头盔，女子比赛仍使用红、蓝两色头盔。

护齿 所有运动员必须佩戴的护具。不得使用红色护齿，不得故意吐掉护齿，护齿被打掉后应立刻清洗并重新戴上。

拳击手套 表面为皮革材质，内衬为具有减震性的泡沫或其他材质。需将手腕包裹在内，形成支撑和保护。比赛时使用红、蓝两色手套。

护裆 男子运动员必须佩戴的护具。护裆不得过大，不得遮挡任何有效部位。

拳击服 一般为宽松且有弹性的背心和短裤。比赛双方需穿着颜色区别明显（通常为红、蓝两色）的拳击服。背心和短裤颜色相同时，需使用10厘米宽的白色弹性腰带。

拳击鞋 一般为无钉、无跟的软靴，足以包裹脚踝。鞋面轻盈透气，鞋底具有良好的抓地力、耐磨性、减震性和支撑力。

奥运会比赛重量级别

- **男子拳击**：蝇量级（48~52公斤）、羽量级（52~57公斤）、轻量级（57~63公斤）、次中量级（63~69公斤）、中量级（69~75公斤）、轻重量级（75~81公斤）、重量级（81~91公斤）、超重量级（91公斤以上）。

- **女子拳击**：蝇量级（48~51公斤）、羽量级（54~57公斤）、轻量级（57~60公斤）、次中量级（64~69公斤）、中量级（69~75公斤）。

关于"强制性数8"的规定

- 一方受到攻击而无法继续比赛时，台上裁判开始数秒。即使受攻击的一方在台上裁判尚未数到8秒时已经可以继续比赛，也要等台上裁判数到8秒，比赛才能继续。

- 比赛再次开始后，若受攻击的一方未受到新的击打便再次倒下，则台上裁判应从8秒开始继续数秒。

- 在每回合中，最多允许出现3次强制性数8。

摔跤

Wrestling

摔跤是原始社会的人们为了自卫和生存而发展起来的运动。希腊、埃及和中国的史料中均有关于摔跤的文字和图画记载，它被公认为最早的竞技项目。1896年，首届奥运会便设有古典式摔跤比赛项目。1904年，自由式摔跤成为奥运会正式比赛项目。

观赏点 摔跤并非单纯的体力较量，还需要灵活的技巧、连贯的动作、快速判断局势的头脑和及时反应的身体。评分规则的不断改进也让比赛更为激烈，在较短的比赛时间内，运动员不断尝试各种方式的进攻和大幅度的摔跤动作，令整场比赛高潮迭起。

红方	1
蓝方	6

1：52　第2回合

比赛分为2个回合，每个回合3分钟，2个回合之间休息30秒。2个回合结束时，总得分高者为胜。但有2种特殊情况：分差达到一定数值（古典式摔跤为8分，自由式摔跤为10分）时，比赛即刻结束，分数高者为胜；当一方被判双肩着地时，比赛即刻结束，另一方为胜。

钟秀娥 1991年，获得女子自由式摔跤44公斤级比赛的世锦赛冠军，为中国赢得首枚摔跤世界金牌。1992年至1999年，在世锦赛上获得4金2银的辉煌成绩。退役后成为教练，培养出多位冠军。

盛泽田 1992年，获得男子古典式摔跤57公斤级比赛的奥运会季军，为中国赢得首枚摔跤奥运会奖牌。多次在亚运会、亚锦赛、国际A级摔跤大赛等赛事中获得冠军和亚军。

自由式摔跤 允许抱握腰部以下部位，允许并鼓励使用多种腿部动作。

古典式摔跤 禁止抱握腰部以下部位，禁止使用绊腿等腿部动作。

棕色消极区 比赛场地的边缘，向外跨出该区域即出界。

中心比赛区 运动员在比赛时的主要活动区域。

中心圈 比赛开始时，双方隔着该圆相向而站。比赛结束时，裁判在该圆处宣布结果。

摔跤垫

保护区 界外区域。

7米　1米　1.5米　12米　12米

2米宽的无障碍安全区域

请判断

场上双方正在进行哪个小项的比赛？

比赛当日，运动员需进行体检和称重，以确保身体适合参赛且体重符合参赛要求。

摔跤服 连体样式，由表面光滑的布料制成。比赛双方需穿着颜色区别明显（通常为红、蓝两色）的摔跤服。

摔跤鞋 使用固定踝关节的设计，不得使用金属材质，不得有鞋跟、鞋钉和鞋扣等可能对运动员造成伤害的结构。

主要得分点

2分：将对手摔至身体侧面、胸腹部或三点着地且失去控制；对手在危险状态下为摆脱控制而逃至界外。

4分：站立状态下使用连贯动作将对手摔成危险状态；使用大幅度动作但未使对手直接和立即处于危险状态。

5分：站立状态下，使用大幅度动作并使对手直接和立即处于危险状态。

★1分（自由式摔跤）和2分（古典式摔跤）：对手逃出界外、逃避抓握、拒绝正确的跪撑起始姿势、使用犯规动作或野蛮行为；跪撑状态下，对手在裁判提醒后仍不使用正确的跪撑起始姿势。

危险状态 背部朝向地面，有双肩着地的危险。
三点着地 双手和单膝着地、单手和双膝着地或头部和双膝着地。
大幅度动作 使对手身体完全离开垫面并摔至身体侧面、胸腹部着地。
双肩着地 双肩被对手固定在地面足够的时间（使裁判足以确认双肩同时着地）。

奥运会比赛重量级别

男子自由式摔跤 57公斤级、65公斤级、74公斤级、86公斤级、97公斤级、125公斤级。

女子自由式摔跤 50公斤级、53公斤级、57公斤级、62公斤级、68公斤级、76公斤级。

男子古典式摔跤 60公斤级、67公斤级、77公斤级、87公斤级、97公斤级、130公斤级。

柔道

Judo

现代柔道诞生于日本。1882年，嘉纳治五郎开办首家柔道训练场，使柔道广泛传播。1895年，日本出台柔道竞赛规则。1948年，首届日本柔道锦标赛举办。1964年，柔道成为奥运会正式比赛项目。

观赏点 柔道是极为紧张、激烈的格斗项目，运动员注意力略有偏差或技术略逊一筹便会导致惨痛的失败，而且胜负极可能瞬时而变，比赛的最后几秒也会发生令人意想不到的逆转，因此观众需要屏住呼吸、目不转睛地欣赏比赛的每一秒。

白方	0	
蓝方	0	
1:28		

庄晓岩 1992年，获得女子72公斤以上级比赛的奥运会冠军，为中国赢得首枚柔道奥运会金牌。

冼东妹 2004年和2008年，连续获得女子52公斤级比赛的奥运会冠军。还曾获得世界杯、世锦赛等多项国际级比赛的冠军。

受到"指导"处罚的常见情形 态度消极、长时间抓住对手的衣服或腰带、极端防御姿势、用手攻击对手头部等。

比赛时长为4分钟。但在以下2种情况下，比赛当即结束：一方获得"一本"或2个"技有"，此时该方为胜；一方受到3次"指导"处罚，此时该方为负。除此之外，比赛结束时，得分多的一方为胜，双方得分相同则进入金分加时赛。金分加时赛无时间限制，在以下2种情况下，比赛当即结束：一方获得"一本"或"技有"，此时该方为胜；一方受到3次"指导"处罚，此时该方为负。注意：常规时间的得分计入金分加时赛，受到的"指导"处罚则不计入。

个人赛中，一方出场队员为1名。混合团体赛中，一方出场队员为3名男运动员和3名女运动员。

使用榻榻米或类似榻榻米的材料。

大于16米

大于16米

10米

比赛区域，通常使用黄色垫子。

10米

一本

安全区 界外区域，通常使用红色垫子，在该区域的攻击无效。

获胜方式

- 一本（Ippon）：站立状态下使用投技摔倒对手时满足力量相当大、速度相当快和对手背部完全着地这3个条件；使用固技压制对手达20秒或使对手通过动作、声音认输。
- 技有（Waza-ari）：站立状态下使用投技摔倒对手时不完全满足"一本"的3个条件；使用固技压制对手达10秒，且不足20秒，2个"技有"相当于"一本"。
- 其他：对手受伤、弃权、未到场或失去比赛资格。

请判断

场上的哪方通过哪种方式获胜？

比赛当日，运动员需进行体检和称重，以确保身体适合参赛且体重符合参赛要求。

柔道服 一般为宽松的长袖无扣上衣和长裤。上衣袖筒宽大，下方覆盖臀部，标有运动员的名字、队名和号码等。长裤长至脚腕之上，裤腿较宽。比赛双方通常分别穿白色和蓝色柔道服，以示区分。

腰带 系扁结后，两端均留有20~30厘米的长度。在中国，腰带的颜色与级位、段位的对应关系为：未入级的初学者为白带，10级到1级分别为黄白相间带、黄带、黄橙相间带、橙带、橙绿相间带、绿带、绿蓝相间带、蓝带、蓝褐相间带、褐带，1~5段为黑带，6~8段为红白相间带，9~10段为红带。

奥运会比赛重量级别

- 男子轻量级：60公斤级、66公斤级、73公斤级。
- 男子中量级：81公斤级、90公斤级。
- 男子重量级：100公斤级、100公斤以上级。

- 女子轻量级：48公斤级、52公斤级、57公斤级。
- 女子中量级：63公斤级、70公斤级。
- 女子重量级：78公斤级、78公斤以上级。

- 混合团体：男子为73公斤级、90公斤级和90公斤以上级，女子为57公斤级、70公斤级和70公斤以上级。

★ 主要技术

- 立技：站立状态下使用的技术，包括站立不倒的投技（包括手技、腰技和足技）和主动倒地的舍身技（包括真舍身技和横舍身技）。
- 寝技：倒地状态下使用的技术，包括固技、绞技和关节技。

Taekwondo

跆拳道

跆拳道源自古时流行于朝鲜半岛的民间技击术，雏形为跆跟、花郎道、手搏等。到了近代，崔泓熙将韩国的传统武技与日本松涛馆流的空手道融合，并于1995年将融合而成的运动命名为跆拳道。2000年，跆拳道成为奥运会正式比赛项目。

陈中 2000年，赢得女子67公斤以上级比赛的奥运会金牌，这是中国也是世界的首枚跆拳道奥运会金牌。2004年，在该级别的奥运会比赛中成功卫冕，成为中国首位跆拳道奥运双冠王。

吴静钰 2008年，获得女子49公斤级比赛的奥运会冠军，并在2012年的奥运会上成功卫冕。获得了2011年世锦赛、2019年团体世界杯等多项世界级比赛的冠军。

观赏点 跆拳道比赛要求拳脚并用，且对于动作的力度和准确度要求都比较高，攻守双方可能在瞬间转换，需要观众时刻注意场上局势。另外，实施动作的同时还会伴随运动员的发声呼喝，令观众的精神也为之振奋。

比赛分为3回合，每回合2分钟，每2回合之间休息1分钟。在每回合，以不同的技法击中对手有效部位获得相应的分数；犯规，则对手获得1分。回合结束时，总得分高者为胜。双方得分相同则进入时长为1分钟的黄金回合。在黄金回合，率先得2分者为胜。若双方在黄金回合均未得分，则根据优势准则确定胜负。但有一些特殊的获胜方式：击倒胜（同拳击的KO）、主裁判终止比赛胜（同拳击的RSC）等。

红方	1
蓝方	1

1：14 第1回合

八扇形赛场
2米 / 12米 / 8米 / 2米 / 2米 / 6米 / 比赛区 / 5.3米 / 12米 / 安全区

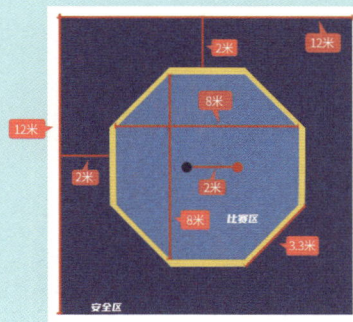

护具和计分系统（PSS） 内置于头部护具、躯干护具和脚套里的电子碰撞传感器系统。当一方有效击中对手时，与护具和计分系统无线连接的计分牌会显示相应分数。

使用带转身的踢技会获得额外的技术分，由至少2名边裁给出。

蓝方用横踢有效击中红方头部护具

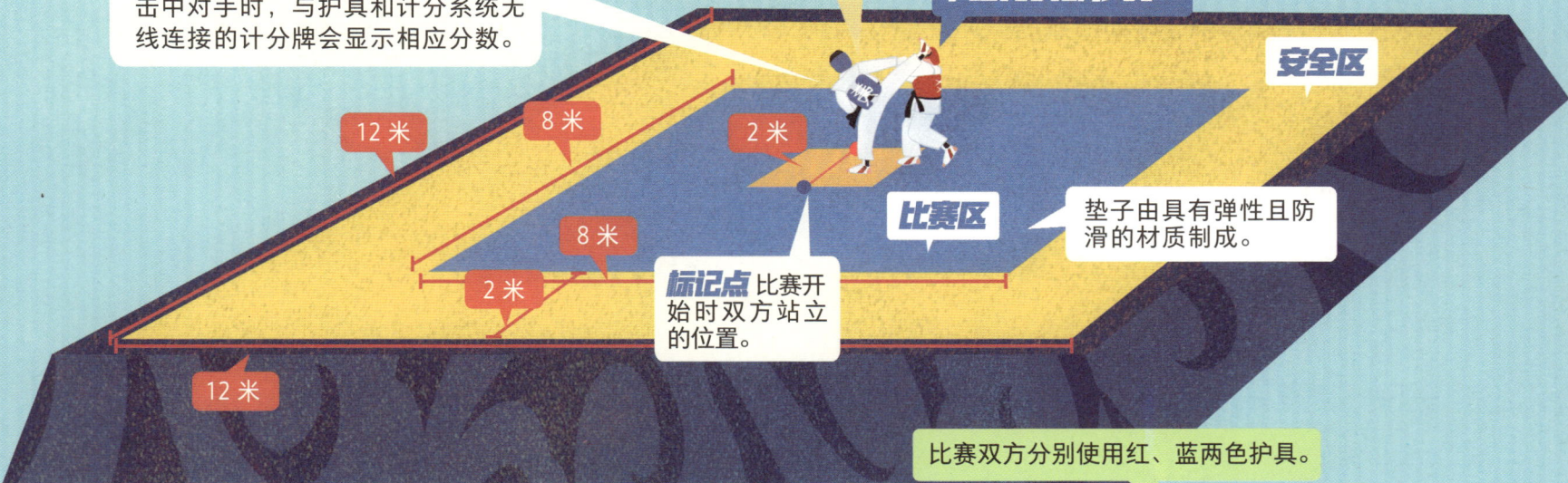

安全区

12米 / 8米 / 2米 / 8米 / 2米 / 12米

标记点 比赛开始时双方站立的位置。

比赛区

垫子由具有弹性且防滑的材质制成。

比赛双方分别使用红、蓝两色护具。

请判断

场上蓝方通过此次攻击得几分？

· 主要得分点

1分：用拳技有效击中对手躯干护具；对手犯规。

2分：用踢技有效击中对手躯干护具。

3分：用踢技有效击中对手头部护具。

4分：用带转身的踢技有效击中对手躯干护具。

5分：用带转身的踢技有效击中对手头部护具。

· 奥运会比赛重量级别

男子：58公斤级、68公斤级、80公斤级、80公斤以上级。

女子：49公斤级、57公斤级、67公斤级、67公斤以上级。

★ 主要技能

· 拳技：攻。

· 踢技：下劈、侧踢、横踢、后旋踢、回旋踢等。

头部护具 由护头、护耳和粘带组成，与护胸颜色一致。护头和护耳由皮质表面和软性内里组成。粘带为有弹性的宽带。

跆拳道服 一般为宽松的长袖无扣上衣和长裤。上衣通常由不易变形且吸汗力较强的面料制成。袖子上和裤腿上通常贴有运动员编号。

躯干护具 由皮质表面和软性内里组成，覆盖运动员肩部、胸部、腹部、体侧和后背两侧。不允许攻击的脊椎部为系带结构。

其他保护装置 包括护裆、护臂、护腿、护齿、手套、脚套等，用于保护相应的部位。其中，护裆、护臂和护腿需穿在跆拳道服内，护齿为白色或透明色，手套和脚套分别露出手指和脚趾。

腰带 系结后，两端均留有20~30厘米的长度。腰带的颜色代表段位：10级为白带，9级为白黄带，8级为黄带，7级为黄绿带，6级为绿带，5级为绿蓝带，4级为蓝带，3级为蓝红带，2级为红带，1级为红黑带，1~9段分别为黑带加罗马数字1~9。

空手道

空手道源自琉球时期的冲绳地区，是当地传统拳法与中国武术的结合，曾被称为"唐手"，后由被认为是现代空手道创始人的船越义珍正式命名为"空手道"。1964年，全日本空手道联盟成立。1970年，世界空手道联盟成立，首届空手道世锦赛举办。2020年，空手道成为奥运会正式比赛项目。

红方 0 **50.4** 2 蓝方

观赏点 组手比赛中，运动员使用规定技术进行攻防，提倡"击而不伤，点到为止"，强调精准的出击和及时的控制，比赛异常精彩；在型比赛中，运动员通过一连串动作打败假想的敌人，既要展现精湛的技术、流畅的动作，又要展现隐藏的故事、强烈的情感，比赛看点十足。

李红 2010年，获得女子50公斤级比赛的世锦赛冠军，为中国赢得首枚空手道世界大赛金牌。同年，获得女子50公斤级比赛的亚运会冠军，成为中国首个空手道亚运会冠军。

尹笑言 2018年，获得女子61公斤级比赛的亚运会冠军。2019年和2020年，分别在世界空手道联盟K1超级联赛的上海站和迪拜站获得女子61公斤级比赛的冠军。

组手比赛时间为3分钟。率先领先对手8分者或结束时得分高者为胜。若结束时双方得分相同，则在比赛中先得分者胜。若比赛中无人得分，则由裁判根据双方表现进行投票，得票多者为胜。

型比赛无时间限制，双方依次展示所编套路，由7位裁判进行打分，取3个中间分，计算后评出胜者。
- 套路包含的动作应属于世界空手道联合会认证的102个动作。
- 在不同阶段的比赛中，不得使用相同的套路。

做出进攻动作时，若超过一半的边裁举起代表己方的旗子，则得1~3分。

型比赛打分依据 动作的力度、速度和稳定性，整体的节奏、优美度和流畅性，以及表演展现出的故事性和意义。

有效击中对手中段

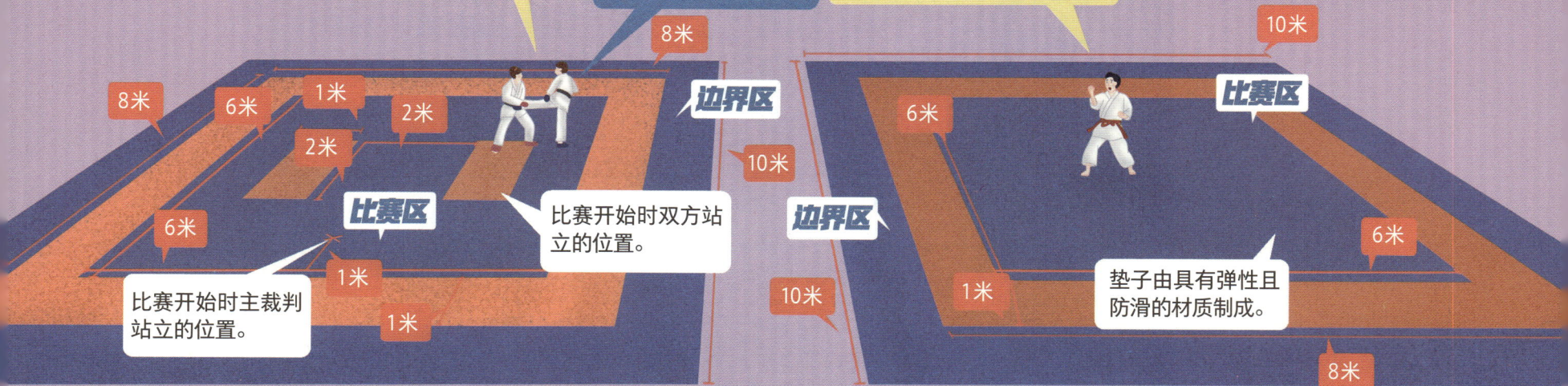

8米

边界区

10米

比赛区

8米 6米 1米 2米
2米
6米
比赛区
1米
1米
10米

比赛开始时双方站立的位置。

比赛开始时主裁判站立的位置。

10米

6米

比赛区

边界区

10米

1米

垫子由具有弹性且防滑的材质制成。

10米

6米

8米

请判断 组手比赛中的蓝方通过此次攻击得几分？

比赛当日，组手比赛的运动员需进行体检和称重，以确保身体适合参赛且体重符合参赛要求。

组手比赛双方使用与腰带颜色一致的拳套、护足和其他保护装置。型比赛的运动员无须穿着这些装置。

拳套 只覆盖手背和拳峰，手掌处镂空，通过手指处的松紧带和手腕处的绑带固定。

空手道服 一般为宽松的长袖无扣上衣和长裤。上衣袖筒宽大，袖口在手腕之上，下衣覆盖臀部，标有运动员的名字、队名和号码等。长裤下至脚腕之上，裤腿较宽。组手比赛双方分别使用红、蓝两色腰带。

其他保护装置 包括护胸、护裆、护腿、护齿等，用于保护相应的部位。其中，护胸、护裆和护腿需穿于空手道服之内。

护足 只覆盖脚背，脚掌处镂空，通过脚趾处的松紧带和足跟处的绑带固定。

组手比赛得分

- 一本（Ippon），得3分：用踢技有效击中对手上段；摔倒或扫倒对方后有效攻中对手。
- 有技（Waza-ari），得2分：用踢技有效击中对手中段。
- 有效（Yuko），得1分：用拳技有效击中对手上段或中段。

- 上段：头部、颈部。
- 中段：胸部、腹部、背部、躯干侧面，不包括双肩。

★奥运会比赛项目

- 男子：组手67公斤级、组手75公斤级、组手75公斤以上级、型。
- 女子：组手55公斤级、组手61公斤级、组手61公斤以上级、型。

Skateboarding

滑板

滑板源自20世纪40年代的美国西海岸地区，是对冲浪运动的改变，为的是让受场地限制而无法进行冲浪的人在陆地上体验冲浪的乐趣。20世纪80年代后，该运动逐步风靡全球，并成为街头文化的一部分。2016年，国际奥林匹克委员会确认滑板成为2020年东京奥运会正式比赛项目。

观赏点 运动员在充满各类障碍的场地内展示精湛的技艺：公园比赛中，运动员借助陡坡腾空，完成高难度动作，速度极快；街式比赛中，运动员在精准越过障碍的同时展现高超技巧。流畅的动作和出人意料的创意令人拍手叫绝。配合动感的音乐，现场气氛热烈。

街式比赛 在类似城市街道、有各类障碍的场地中完成技巧展示，得分高者为胜。
- 运动员有2次限时45秒的滑行展示机会和5次个人技巧展示机会。
- 每次展示得分：5位裁判进行打分，去掉最高分和最低分后3个分数的均值。
- 最终得分：7次展示得分的4个最高分之和。

公园比赛 在充满弧面，宛如几个"大圆盘"组成的凹型场地中完成技巧展示，得分高者为胜。
- 运动员至多有4次展示机会，每次的时长为30~50秒。
- 每次展示得分：5位裁判进行打分，去掉最高分和最低分后3个分数的均值。
- 最终得分：4次展示得分的最高分。

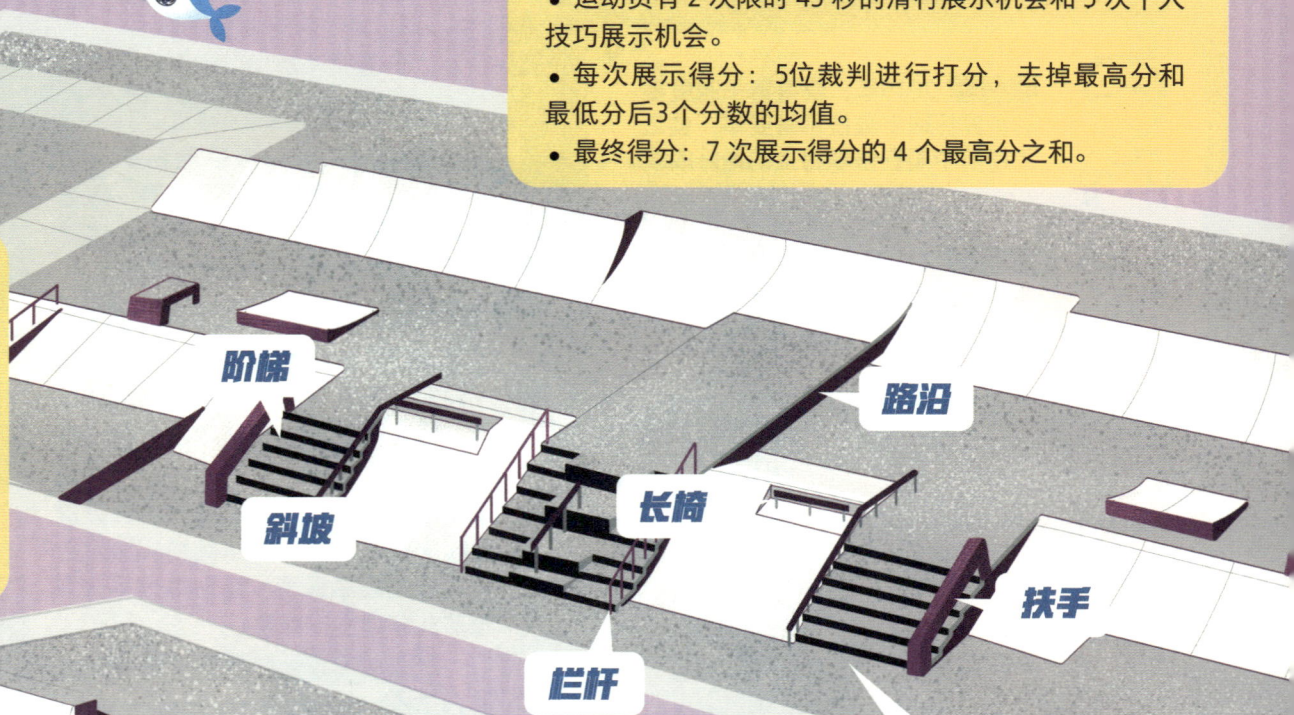

阶梯

路沿

斜坡

长椅

扶手

栏杆

越来越陡的弧形坡，顶部接近垂直。

平坦地面。

同类型障碍物通常具有不同的高度、坡度、长度等。

头盔 外壳为高强度塑料材质，用于保护头部。内部填充物有助于缓冲撞击力，气孔有助于通风、散热，帽带帮助固定头盔。公园比赛中，所有运动员均需佩戴头盔。街式比赛中，18岁以下的运动员需佩戴头盔。

砂纸 增强摩擦力。

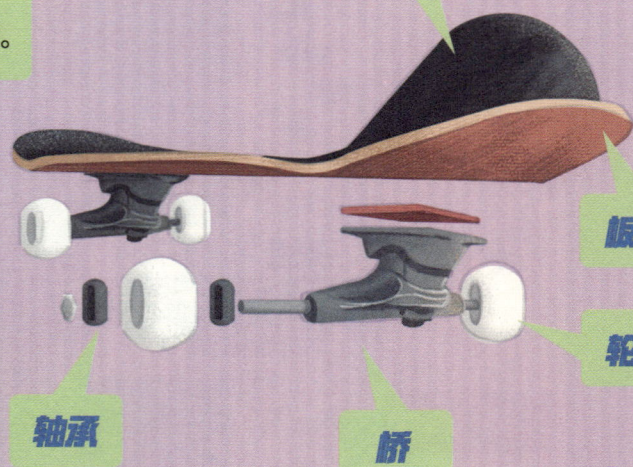

板面

轮子

手套 合适且可起到保护作用即可，无特殊规定，也不是必须佩戴的护具。

轴承

桥

滑板服 通常为较宽松的长袖或短袖T恤和长裤或短裤的搭配，无特殊规定。

滑板 有长度不同的双翘板、长板、小鱼板等种类。奥运会比赛通常使用双翘板，其板头和板尾均向上翘起，长度适中，大部分运动员可以通过掌控滑板展现各种技术动作。

护膝 由膝盖正前方的塑料硬壳、其余部位的厚海绵垫和用于固定的松紧带构成，是除头盔外唯一必须佩戴的护具。

滑板鞋 通常为舒适、透气的板鞋。技术类型不同的运动员偏好不同厚度的鞋底：技巧细腻者偏好较薄的鞋底搭配较厚的鞋垫；动作迅猛者喜欢较厚的鞋底搭配较薄的鞋垫。

- **奥运会男子、女子比赛：** 公园比赛、街式比赛。
- 运动员自己设计比赛中的行进路线和展示动作。
- **裁判打分依据：** 滑行速度、腾空高度、动作的难度、完成度和创新性、整体的稳定性和流畅性。